Kinder spielerisch auf die Schule vorbereiten

Kinder spielerisch auf die Schule vorbereiten

Astrid Wirth, Efsun Birtwistle, Anna Mues, Frank Niklas

Astrid Wirth
Efsun Birtwistle
Anna Mues
Frank Niklas

Kinder spielerisch auf die Schule vorbereiten

Fähigkeitsentwicklung und Förderung im Vorschulalter

Forschungsförderung
Die Texte dieses Buches entstanden im Rahmen eines wissenschaftlichen Forschungsprojekts am Lehrstuhl für Empirische Pädagogik und Pädagogische Psychologie an der Ludwig-Maximilians-Universität München. Dieses Forschungsprojekt wurde vom European Research Council (ERC) unter dem *Horizon 2020* Forschungs- und Innovationsprogramm der Europäischen Union finanziell gefördert (grant agreement No 801980).

Dr. Astrid Wirth
E-Mail: astrid.wirth@psy.lmu.de

Dr. Efsun Birtwistle
E-Mail: Efsun.Birtwistle@lmu.de

Anna Mues
E-Mail: anna.mues@psy.lmu.de

Prof. Dr. Frank Niklas
E-Mail: niklas@psy.lmu.de

Ludwig-Maximilians-
Universität München
Leopoldstr. 13
80802 München
Deutschland

Bibliografische Information der Deutschen Nationalbibliothek
Die Deutsche Nationalbibliothek verzeichnet diese Publikation in der Deutschen Nationalbibliografie; detaillierte bibliografische Daten sind im Internet über http://www.dnb.de abrufbar.

Anregungen und Zuschriften bitte an:
Hogrefe AG
Lektorat Psychologie
Länggass-Strasse 76
3012 Bern
Schweiz
Tel. +41 31 300 45 00
info@hogrefe.ch
www.hogrefe.ch

Lektorat: Dr. Susanne Lauri
Bearbeitung: Tobias Gaudin, Gießen
Herstellung: René Tschirren
Umschlag- und Inhaltabbildungen: Tina Schiele, München
Umschlaggestaltung: Claude Borer, Riehen
Illustrationen (Innenteil): Tina Schiele, München
Satz: Claudia Wild, Konstanz
Druck und buchbinderische Verarbeitung: Multiprint Ltd., Kostinbrod
Printed in Bulgaria

1. Auflage 2022

(E-Book-ISBN_PDF 978-3-456-96198-9)
(E-Book-ISBN_EPUB 978-3-456-76198-5)
ISBN 978-3-456-86198-2
https://doi.org/10.1024/86198-000

Danksagung

Das Coverbild und alle weiteren Illustrationen dieses Buches wurden von Tina Schiele entworfen und gezeichnet. Danke Tina, dass wir deine großartigen Zeichnungen für dieses Buch verwenden durften!

Inhaltsverzeichnis

Vorwort

Kinder beim Aufwachsen begleiten zu dürfen und all ihre Fortschritte mitzuerleben ist großartig und spannend. Beim Titel dieses Buches können Sie sich daher zu Recht fragen: Warum soll ich eigentlich mit meinem Kind schon jetzt anfangen zu lernen? Buchstaben lesen und schreiben, Zählen und erste Rechnungen – das lernt mein Kind doch alles noch früh genug in der Schule?

Aber: Das Lernen Ihres Kindes beginnt schon sehr lange vor dem Schulbeginn. Seitdem Ihr Kind auf der Welt ist, lernt es jeden Tag viele neue Dinge (und genau genommen hat es sogar schon im Bauch der Mutter damit begonnen). Deshalb können Sie auch gar nicht zu früh anfangen, gemeinsam mit Ihrem Kind zu lernen und es in seinem natürlichen Lernprozess zu unterstützen – ganz spielerisch und mit viel Spaß für Sie und Ihr Kind.

Denn Spaß sollte beim Lernen Ihres Kindergartenkinds immer an erster Stelle stehen. Spielen und Lernen sind kein Widerspruch, sondern gehen ganz selbstverständlich miteinander einher. Ihr Kind lernt nämlich nur, wenn es dazu motiviert ist! Sollte Ihr Kind also das Interesse an einem Spiel verlieren, ist es häufig besser, eine Pause zu machen. Unterbrechen Sie dann Ihre gemeinsame Aktivität und setzen Sie sie später fort, wenn Ihr Kind sich wieder etwas erholt hat und bereit dafür ist.

Auch die Abwechslung zwischen unterschiedlichen Aktivitäten spielt beim Lernen eine große Rolle. Daher möchten wir Ihnen in diesem Buch verschiedene Kompetenzbereiche vorstellen, in denen Kinder im Vorschulalter wichtige Entwicklungsschritte durchlaufen: Einen inhaltlichen Schwerpunkt bilden die beiden Themenbereiche der (Schrift-)Sprachentwicklung und mathematischen Entwicklung, welche Ihr Kind optimal auf die beiden Schulfächer Deutsch und Mathematik vorbereiten. Daran anschließend folgen Kapitel zu weiteren Kompetenzbereichen, die für die kindliche Schulreife und ganzheitliche Entwicklung Ihres Kindes wichtig sind, wie etwa der kognitiven Entwicklung und der Persönlichkeitsentwicklung.

Wie ist unser Gedächtnis aufgebaut? Welche Meilensteine gibt es in der motorischen Entwicklung eines Kindes? Und was versteht man eigentlich unter Kreativität? Zu Beginn eines jeden Kapitels geben wir Ihnen einen Überblick über die wichtigsten Facetten eines Kompetenzbereichs und die Entwicklungsaufgaben von Kindern im Vorschulalter. Anschließend nehmen wir Sie mit in die spannende Welt der psychologischen und pädagogischen Forschung. Unser Wissen über die Fähigkeitsentwicklung von Kindern und wie man diese am besten im Rahmen der Familie fördert, basiert auf der großartigen Arbeit unzähliger Forscherinnen und Forscher, welche wissenschaftliche Studien durchgeführt und ausgewertet haben. Daher stellen wir Ihnen einige wichtige Klassiker unter den Lerntheorien sowie aktuelle Forschungsergebnisse aus jedem Themenbereich vor.

Die Umsetzung des theoretischen Wissens soll in diesem Buch auch nicht zu kurz kommen. Deshalb geben wir Ihnen in jedem Kapitel ganz praktische Tipps, wie Sie Ihr Kind in der jeweiligen Fähigkeitsentwicklung unkompliziert und spielerisch unterstützen können. Sie werden sehen: Sie benötigen keine pädagogische Ausbildung und auch keine teuren Spielsachen, um die Kompetenzentwicklung Ihres Kindes optimal zu unterstützen – die meisten unserer Anregungen lassen sich ganz spontan und unkompliziert in Ihren familiären oder Kindergartenalltag integrieren.

Wir wünschen Ihnen viel Spaß beim gemeinsamen Spielen und Lernen!

1 Frühe sprachliche und schriftsprachliche Kompetenzen

1.1 Spielend sprechen lernen

Das Wichtigste in Kürze

In diesem Kapitel geht es um das Thema Sprache. Kinder lernen schon lange vor Beginn der Schulzeit das Sprechen und erlangen damit auch ein Gefühl für den Aufbau unserer Sprache, für einzelne Laute, Worte und ganze Sätze.

Sprechen zu können ist eine sehr wichtige Fähigkeit, welche die Grundlage für viele weitere Fähigkeiten bildet: Je besser Kinder bereits sprechen können, umso besser können sie sich auch mit anderen austauschen, ihre Gefühle ausdrücken und neues Wissen aufbauen [1]. Außerdem fällt ihnen damit auch das Lesen- und Schreibenlernen in der Schule und das Lernen in anderen Schulfächern leichter [2]. Wenn man sein Kind im Spracherwerb unterstützt, fördert man also gleichzeitig die gesunde Entwicklung vieler weiterer kindlicher Fähigkeiten.

„Wie die Alten sungen, so zwitschern auch die Jungen" besagt eine Redensart, die sehr viel Wahres enthält: Kinder orientieren sich beim Sprechenlernen besonders stark an ihren Eltern. Also sind Sie für Ihr Kind die wichtigste Bezugsperson, und Kinder lernen viel, indem sie sich das Verhalten und die Angewohnheiten ihrer Eltern abgucken und selbst nachmachen [3]. Deshalb ist es wichtig, dass Sie auch beim Sprechen ein Vorbild für Ihr Kind sind. Dazu müssen Sie gar kein perfektes Schriftdeutsch sprechen, sondern in diesem Fall gilt generell: Viel hilft viel! Je mehr Sie mit Ihrem Kind sprechen, umso besser ist es für seine sprachliche Entwicklung [4]. Gleichzeitig können Sie auch Gelegenheiten schaffen, in denen Ihr Kind selbst spricht. Bei solchen „Sprachanlässen" sollten Sie Ihr Kind ermutigen, selbst zu sprechen. Dies gelingt ganz einfach, indem Sie Ihrem Kind Fragen zu Dingen stellen, die es interessant findet.

Kinder lernen sprechen in unterschiedlicher Geschwindigkeit. Bei Kindern im Vorschulalter ist es ganz normal, dass einige Kinder bereits besser und mehr sprechen können als andere, die gleich alt sind. Dies zeigt sich darin, dass manche Kinder vielleicht schon von mehr Wörtern wissen, was diese bedeuten (also einen größeren Wortschatz haben), eine deutlichere Aussprache zeigen oder aber die Grammatik besser beherrschen. Aber ganz egal, wie weit Ihr Kind in der Sprachentwicklung ist: Wichtig ist nur, dass Sie es beim weiteren Lernen ermutigen und unterstützen.

Wissenschaftliche Studien haben gezeigt, dass es gut für die Entwicklung von Kindern ist, wenn man sie von Anfang an beim Sprechenlernen unterstützt [vgl. 5]. Die gute Nachricht dabei ist: Das geht wirklich ganz leicht! In unseren Tipps geben wir Ihnen Anregungen zum gemeinsamen Sprechen und Erzählen.

Abbildung 1-1: Familiäre Ähnlichkeiten in der Aussprache sind mitunter leicht herauszuhören

Der wissenschaftliche Hintergrund

Auch wenn die Sprachentwicklung eines Kindes scheinbar einfach so passiert, ist sie ein komplizierter Prozess. Die Sprachentwicklung lässt sich in verschiedene Bereiche unterteilen: Die Kinder erlernen, welche Laute in ihrer Muttersprache benutzt werden, sie lernen neue Wörter und deren Bedeutung (Wortschatz), sie lernen die Regeln einer Sprache (Grammatik) und die Fähigkeit, zu erzählen und Ereignisse zu beschreiben (Erzählkompetenz) [6].

Zwar verläuft die Entwicklung der Sprachfähigkeiten bei jedem Kind unterschiedlich schnell, nichtsdestotrotz gibt es den Versuch festzustellen, welche Sprachfähigkeiten die meisten Kinder in einem bestimmten Alter bereits erreicht haben. Damit werden sogenannte Meilensteine in der Sprachentwicklung gelegt [7].

Meilensteine der Sprachentwicklung für fünf- bis sechsjährige Kinder

Margreet Luinge und ihr Team von der Universität Groningen in den Niederlanden untersuchten 2006 die Sprachentwicklung von 527 Kindern [7]. Die Forscherinnen und Forscher versuchten, Meilensteine in der Sprachentwicklung vom ersten bis zum sechsten Lebensjahr festzulegen. Diese Meilensteine der Sprachentwicklung sollen unabhängig vom Geschlecht der Kinder oder der Region, in der sie aufwachsen, gültig sein. Dabei werden die Bereiche expressive und rezeptive Sprachkompetenzen (also Sprache produzieren und Sprache verstehen) sowie Kompetenzen in Bezug auf Laute, Worte und Satzkonstruktionen abgedeckt. Für den Altersbereich von fünf bis sechs Jahren wurden unter anderem das spontane Erzählen von Geschichten, die Wiedergabe von Sätzen mit richtiger Wortreihenfolge und die Nutzung von Adjektiven zur Beschreibung als altersentsprechende Sprachentwicklung angesehen. Die Meilensteine in der Sprachentwicklung werden in den Niederlanden eingesetzt, um Verzögerungen in der Sprachentwicklung von Kindern rechtzeitig zu erkennen. Dadurch können Folgeprobleme in anderen Entwicklungsbereichen, etwa in der emotionalen oder sozialen Entwicklung, vermieden werden. Eine verlangsamte Sprachentwicklung kann auf viele unterschiedliche Ursachen zurückgeführt werden, die wiederum untersucht werden müssen, wie etwa Hörprobleme, kognitive oder allgemeine Entwicklungsverzögerungen.

Im Alter von fünf Jahren hat Ihr Kind bereits sehr viele wichtige Sprachfähigkeiten erlernt. Allerdings ist die Sprachentwicklung noch lange nicht abgeschlossen: Auch wenn wir erwachsen sind, entwickelt sich unsere Sprache noch weiter, zum Beispiel durch das Lernen von neuen Wörtern und Fachbegriffen. Für das fünfte Lebensjahr benennt der Deutsche Bundesverband für Logopädie [6] folgende Meilensteine in der Sprachentwicklung:

- Der Wortschatz eines Kindes liegt in diesem Alter bei ungefähr 1500 bis 5000 Wörtern und wird auch in den nächsten Lebensjahren noch weiter anwachsen.
- Kinder können nun zumeist Grundfarben (Rot, Grün, Gelb, Blau, Weiß und Schwarz) korrekt benennen und zuordnen.
- Die Fähigkeit, Sätze richtig zu bilden, ist nun ebenfalls weitgehend abgeschlossen. Nur vereinzelt können unregelmäßige Formen noch Schwierigkeiten bereiten, die aber leicht zu korrigieren sind.
- Die *Zischlaute* (s, ß, z, x) sind die letzten Laute, die ein Kind erwirbt, manche Kinder lassen sich damit Zeit bis zum letzten Kindergartenjahr. Diese Laute sind besonders schwierig zu erlernen, denn sie erfordern eine sehr fein abgestimmte Koordination verschiedener Muskeln.

Der Bundesverband Logopädie e. V. sagt auch, dass es einigen Kindern im Alter von fünf Jahren noch schwerfällt, komplizierte Satzgefüge zu verstehen, die aus mehreren Satzteilen bestehen. Ein Beispiel ist: „Wenn du draußen gespielt hast, musst du noch deine Hände waschen, bevor du dich an den Tisch setzt." Wenn Ihr Kind Sie also manchmal nicht versteht oder Ihren Aufforderungen nicht vollständig nachkommt, versuchen Sie doch einmal, Ihr Anliegen noch mal mit mehreren einfacheren Sätzen zu erklären – vielleicht hat Ihr Kind Sie einfach sprachlich noch nicht verstanden. Bis zum Schuleintritt haben allerdings die meisten Kinder gelernt, auch komplizierte Satzgefüge gut zu verstehen.

Wenn Ihr Kind Ihnen Geschichten erzählt, tut es dies vielleicht auch manchmal noch anders als Erwachsene. So wird zum Beispiel die Reihenfolge von der Wichtigkeit bestimmt, die ein Ereignis für Ihr Kind hatte, und wichtige Rahmeninformationen werden erst einmal vergessen [6]. Dem Zuhörer verlangt diese Art des Erzählens viel Aufmerksamkeit und viele Schlussfolgerungen ab, um dem Erzählten folgen zu können. Sie können Ihr Kind durch Rückfragen (und viel Geduld) beim Erzählenlernen unterstützen.

Und wie kann man sein Kind am besten unterstützen, wenn es Fehler beim Sprechen macht? Damit sich Ihr Kind durch Fehler nicht entmutigen lässt, empfehlen Expertinnen und Experten das korrektive Feedback [8]. Hierbei wiederholen Sie einfach das Gesagte Ihres Kindes richtig, ohne das Kind dabei auf den Fehler direkt aufmerksam zu machen.

Hierzu ein Beispiel:
Ihr Kind erzählt: „Ich hab' das Glas bei die Tisch gestellt."
Und Sie antworten: „Danke, dass du das Glas auf den Tisch gestellt hast."

Für das Tempo der Sprachentwicklung Ihres Kindes spielt es eine wichtige Rolle, wie sprachfördernd die Umwelt ist, in der es aufwächst [9]. Je mehr gesprochene Sprache Ihr Kind hört, umso leichter lernt es Satzstrukturen, Grammatik und natürlich auch viele neue Wörter! Und Sie als Eltern sind da natürlich im wahrsten Sinne des Wortes die wichtigsten „Ansprechpersonen" für Ihr Kind.

Denn es macht tatsächlich auch einen Unterschied für Ihr Kind, wer mit ihm spricht: Fernsehsendungen oder Videos können die direkte Ansprache durch Sie oder andere Erwachsene nicht ersetzen. Aber natürlich können Sie auch Kindersendungen, Hörbücher & Co. in die Sprachförderung einbeziehen: Lassen Sie sich doch einfach von Ihrem Kind die Geschichte nacherzählen, die es gerade gehört oder angesehen hat. Auch Essenszeiten sind ein toller Anlass, sich mit Ihrem Kind zu unterhalten, sei es über den Tag im Kindergarten oder den geplanten Besuch einer Freundin oder eines Freundes.

Das soziale Umfeld: Schadet Fernsehen der kindlichen Sprachentwicklung?

Erika Hoff hat sich in ihrer Studie von 2006 der Frage gewidmet, inwieweit verschiedene Bereiche des sozialen Umfelds, in dem Kinder aufwachsen, ihre Sprachentwicklung mitbestimmen und fördern können [9]. Dazu hat sie die Vielzahl der zu dieser Frage bereits bestehenden Studien gesichtet, die Ergebnisse verglichen und eingeordnet. Ein Abschnitt ihrer Studie widmet sich der Frage, ob sich Fernsehkonsum nachteilig auf die Sprachentwicklung von Kindern auswirkt. Die Autorin schlussfolgert, dass es darauf ankommt, was ein Kind im Fernsehen anschaut: So können sich altersgerechte Sendungen mit Bildungsanspruch (wie „Die Sendung mit der Maus" oder „Die Sesamstraße") durchaus positiv auf die Sprachentwicklung auswirken. Allerdings kann das Fernsehen keine menschliche Ansprache ersetzen: Eltern stellen für ihre Kinder die wichtigste Quelle von Spracherlebnissen dar und können damit die Entwicklung ihres Kindes positiv beeinflussen. So lernen Kinder, deren Mütter auf ihre ersten Sprechversuche verbal reagieren, schneller sprechen als Kinder, deren Mütter ihnen seltener antworten. Wenn Sie mit Ihrem Kind gemeinsam die Aufmerksamkeit auf etwas richten, zum Beispiel beim Spielen, Spazierengehen oder Vorlesen, kann dies ebenfalls die Kommunikation anregen und ist daher sprachfördernd für Kinder. Auch Fragenstellen, Wiederholen von Sätzen und direktes Auffordern zeigen Auswirkungen auf das sprachliche Lernen von Kindern. Übrigens: Gezielt immer nur einfach und kindgerecht zu sprechen, war in den hier betrachteten Studien nicht vorteilhaft – sondern, ganz im Gegenteil, eine reiche Sprache mit vielen verschiedenen Worten und Ausdrücken. Also: Sprechen Sie einfach drauf los!

Dass Vorlesen und das gemeinsame Lesen von Büchern die Sprachentwicklung Ihres Kindes ganz besonders unterstützen kann, ist Ihnen vielleicht bereits bekannt. Zwei Forscherinnen haben gezeigt, dass das gemeinsame Buchlesen den Wortschatz und das Sprachverständnis von Kindern verbessern kann und diese Sprachfähigkeiten wiederum Auswirkungen auf die Leseleistungen von Kindern in der Schule haben [10]. Im nächsten Kapitel werden wir darum noch näher auf das Thema Vorlesen eingehen.

Frühes Vorlesen zeigt langfristige Auswirkungen auf die Sprachentwicklung

Monique Sénéchal und Jo-Anne LeFevre untersuchten 2002 in einer Längsschnittstudie, wie sich das Vorlesen in der Familie auf die Sprachentwicklung von Kindern auswirkt [10]. Dazu begleiteten sie 168 Kinder vom Kindergarten bis zum Ende der dritten Klasse. Die Wissenschaftlerinnen untersuchten die Sprachfähigkeiten der Kinder hinsichtlich ihres Wortschatzes und ihres Sprachverständnisses. Zudem wurden den Kindern Bilder von Kinderbuchtiteln gezeigt, und sie wurden nach den Namen der zugehörigen Bücher gefragt – so sollte überprüft werden, wie häufig Eltern ihren Kindern vorlesen, ohne die Eltern selbst direkt danach zu fragen.

Die Ergebnisse zeigten deutliche Zusammenhänge zwischen den Sprachfähigkeiten der Kinder und der Häufigkeit, mit der ihnen vorgelesen wurde. Dieser Zusammenhang blieb auch unabhängig vom Bildungsgrad der Eltern bestehen. Die Sprachfähigkeiten der Kinder konnten ihre Lesefähigkeiten zum Ende der dritten Klasse gut vorhersagen. Die Studie zeigt damit, dass die Sprachfähigkeiten von Kindern gegen Ende der Kindergartenzeit ihren weiteren Schulweg prägen und damit großen Einfluss auf ihre weitere Entwicklung nehmen können. Und sie zeigt, dass Eltern wiederum Einfluss auf die Sprachfähigkeiten ihrer Kinder haben, indem sie ihnen Kinderbücher vorlesen.

Tipps zum spielenden Sprechenlernen

Tipp 1

Ihr Kind langweilt sich, weil Sie warten müssen? Lassen Sie es doch einmal alle Gegenstände benennen, die es in diesem Moment um Sie herum sehen kann (z.B. einen Stuhl, eine Pflanze, einen Hund ...)! Dieses Spiel können Sie immer und überall spielen, in der Schlange im Supermarkt, beim Arzt, an der Bushaltestelle ... Eine Alternative ist das Spiel: „Ich sehe was, was du nicht siehst“, bei dem das Kind ganz genau eine bestimmte Sache suchen und erraten muss und Sie es mit Tipps unterstützen.

Tipp 2

Betrachten Sie einmal Ihre Hausarbeit als Anlass, mit Ihrem Kind zu sprechen. Wenn Sie zum Beispiel gerade Wäsche aufhängen oder Geschirr spülen, erzählen Sie doch Ihrem Kind nebenher, womit sie gerade beschäftigt sind (Kleidungsstücke benennen, Geschirr beschreiben usw.). Kommentieren Sie einfach mal alles, was Sie gerade tun! Beantworten Sie auch ausführlich alle Nachfragen Ihres Kindes.

Tipp 3

Ihr Kind passt sich beim Sprechen auch Ihrer Ausdrucksweise an. Achten Sie einmal bewusst darauf, wie Sie mit Ihrem Kind sprechen und wie Ihr Kind dabei auf Sie reagiert. Versuchen Sie möglichst deutlich und klar und in ganzen Sätzen zu sprechen. Achten Sie dabei auch darauf, dass keine Hintergrundgeräusche stören, zum Beispiel vom Fernseher.

Tipp 4

Lassen Sie sich auch von Ihrem Kind erzählen, was es gerade macht oder was es heute erlebt hat. Lassen Sie ihm Zeit beim Erzählen und stellen Sie Fragen dazu. Gerade der Dialog (also das Gespräch zwischen Ihnen und Ihrem Kind mit Fragen und Antworten) ist wunderbar sprachfördernd für Ihr Kind!

Tipp 5

Singen Sie manchmal mit Ihrem Kind? Heute wäre ein guter Tag dafür! Denn: Gemeinsames Singen macht nicht nur Spaß, sondern ist auch sehr förderlich für die Sprachentwicklung, da beim Singen Sprache noch einmal ganz anders betont wird als im normalen Gespräch. Diese „Betonungsunterschiede“ und der besondere Satzrhythmus helfen Ihrem Kind beim sprachlichen Lernen.

1.2 Vorlesen und gemeinsam lesen

Das Wichtigste in Kürze

In diesem Kapitel geht es um das Thema Vorlesen. Kindern vorzulesen macht nicht nur Spaß, Ihr Kind kann dabei auch sehr viel lernen! Vorlesen fördert insbesondere die sprachliche und die soziale und emotionale Entwicklung Ihres Kindes [10, 11].

Nicht jedes Kind hat von Anfang an gleich viel Freude am Vorlesen. Gerade sehr lebhaften Kindern fällt es manchmal schwer, sich beim Vorlesen zu konzentrieren und der Geschichte zu folgen. Hierbei hilft es, feste Vorlesezeiten in den Alltag einzubauen – das bietet Struktur und schafft die richtige Atmosphäre. Durch die Regelmäßigkeit und Übung macht das Vorlesen mit der Zeit immer mehr Freude [12].

Lassen Sie sich also nicht entmutigen, wenn Ihr Kind mitunter keine Lust auf das Vorlesen hat. Die Freude am Vorlesen ist ein Prozess, der sich mit der Zeit entwickelt. Und es lohnt sich: Wenn Ihr Kind erst mal das „Lese-Fieber" gepackt hat, hat es ein wertvolles und hilfreiches Interesse für das ganze weitere Leben gewonnen. Mit Freude am Lesen kann es Ihr Kind später sogar leichter in der Schule haben [13]!

Um die Lesefreude zu fördern, können Sie auch ganz gezielt Vorlesegeschichten auswählen, welche zu den aktuellen Interessen Ihres Kindes passen. Seien es Dinos, Ritter, Katzen, Autos oder Pilze – die Auswahl an Vorlesebüchern zu ver-

Abbildung 1-2: Gemeinsames Lesen macht doppelt Spaß

schiedenen Themen ist riesig! Natürlich müssen Sie auch nicht bei jedem neu aufkommenden Interesse Ihres Kindes viel Geld für Bücher ausgeben. Bibliotheken und Büchereien haben häufig ein großes Angebot an Kinderbüchern, welche Sie günstig ausleihen können.

Vorlesesituationen lassen sich auch wunderbar nutzen, um mit Ihrem Kind ins Gespräch zu kommen: Lassen Sie doch einmal Ihr Kind die Geschichte weitererzählen, stellen Sie Fragen, oder erfinden Sie gemeinsam ein neues Kapitel. Denn Vorlesen muss nicht immer bedeuten, dass ein Erwachsener liest und ein Kind zuhört: Gerade die Form des „dialogischen Lesens“, bei dem Erwachsene wie auch Kinder Gesprächsanteile haben und sich rund um eine Geschichte austauschen, hat sich als besonders förderlich für die kindliche Sprachentwicklung herausgestellt (lesen Sie dazu mehr unter „Dialogisches Lesen für eine bessere Sprachentwicklung“ in diesem Kapitel).

Im Folgenden gehen wir genauer auf die positiven Auswirkungen des Vorlesens ein und geben Anregungen, wie Sie das Interesse Ihres Kindes am Vorlesen fördern können. Zudem haben wir Ihnen einige Tipps zusammengestellt, wie das Vorlesen noch mehr Spaß machen kann.

Wir wünschen Ihnen viel Spaß beim (Vor-)Lesen!

Der wissenschaftliche Hintergrund

Gute Lesefähigkeiten sind in unserem Alltag von großer Bedeutung. Wir lesen jeden Tag ganz beiläufig sehr viele Dinge wie zum Beispiel Inhaltsstoffe oder Nachrichtenmeldungen. Wir lesen auch, um mit anderen zu kommunizieren, zum Beispiel über soziale Medien oder E-Mails. Und bereits in der Schule sind Lesefähigkeiten nicht nur im Fach Deutsch, sondern in allen Schulfächern wichtig und somit ganz entscheidend für unseren schulischen Erfolg und den darauffolgenden beruflichen Werdegang [14]. Die Grundsteine für diese wichtigen Lesefähigkeiten werden schon lange vor dem eigentlichen Lesenlernen in der Grundschule gelegt.

Wie gut wir später in der Schule und als Erwachsene lesen können, hängt ganz entscheidend davon ab, wie häufig uns als Kind vorgelesen wurde [15]. Vorlesen fördert die Sprachentwicklung, da Kinder durch das Vorlesen mit besonders viel Sprache in Berührung kommen und diese sich zudem von der normalen, gesprochenen Sprache unterscheidet. Dadurch bekommen Kinder ein Gefühl dafür, wie Sprache aufgebaut ist.

Das Konzept der Home Literacy Environment

Ein Wissenschaftler aus den Niederlanden, Roel van Steensel, beschäftigte sich in einer Studie mit der Frage, inwieweit sich eine Kindheit mit Vorlesen und Büchern auf die späteren Fähigkeiten in der Grundschule auswirkt [15]. Das Konzept der sogenannten Home Literacy Environment umfasst neben der Häufigkeit des Vorlesens auch weitere sprach- und schriftbezogene Aktivitäten, wie das Erzählen von Geschichten (auch ohne Bücher), das Singen und Reimen oder das gemeinsame Schreibenüben. Auch das Lesen und Schreiben von anderen Familienmitgliedern gehört zur Home Literacy Environment, da Kinder auch darüber mit Texten in Berührung kommen und insbesondere Eltern Kindern als Vorbild dienen.

Die Ergebnisse dieser Studie zeigen deutlich, dass eine Kindheit mit mehr Lese- und Schreibanlässen (also mit einer stark ausgeprägten Home Literacy Environment) dazu beitragen kann, dass Kinder besser in der Grundschule sind. Die betreffenden Kinder waren in der ersten und zweiten Klasse besser in Vokabeltests und im Leseverständnis als Kinder, die zur Kindergartenzeit seltener mit Lesen und Schreiben in Berührung gekommen waren. Van Steensels Forschung beweist somit, dass man Kinder bereits im Kindergartenalter optimal auf ihre spätere Schulzeit vorbereiten kann, indem man ihnen vorliest und sie mit Schrift in Berührung bringt. Und nicht zuletzt, indem man als gutes Lesevorbild vorangeht!

Durch das Vorlesen lernt Ihr Kind auch ganz nebenbei neue Wörter und vergrößert daher den eigenen Wortschatz. Am besten wirkt und funktioniert *regelmäßiges* Vorlesen: Die Stiftung Lesen beispielsweise empfiehlt, Kindern jeden Tag für 15 Minuten vorzulesen [16].

Was gefällt Kindern beim Vorlesen am meisten?

In einer ihrer jährlich erscheinenden Vorlesestudien ist die Stiftung Lesen der Frage nachgegangen, was sich Kinder im Vorschul- und Grundschulalter eigentlich beim Vorlesen wünschen [16]. Die Studie mit einer repräsentativen Stichprobe von fünf- bis zehnjährigen Kindern in Deutschland kam zu dem Ergebnis, dass das Vorlesen wirklich (fast) allen Kindern gefällt – über 90 % der befragten Kinder bestätigten das, ganz unabhängig von ihrem Alter, ihrem Geschlecht oder der Sprache, die bei ihnen zu Hause gesprochen wurde. Ein knappes Drittel der Kinder wünschte sich sogar, dass ihnen häufiger vorgelesen wird. Kindern im Alter von fünf bis sechs Jahren ist es bei den Vorlesegeschichten am wichtigsten, dass diese lustig sind, außerdem sollten die Geschichten spannend sein und eine tolle Hauptfigur haben. Neben der Geschichte schätzen Kinder am Vorlesen vor allem die Nähe zu ihren Eltern und die Atmosphäre. Entscheidend ist dabei, dass Eltern mit Spaß vorlesen, denn Kinder sind dafür sehr sensibel und merken häufig, wenn ihre Eltern nur mit Unlust vorlesen. Übrigens: Nicht mal die Hälfte aller befragten Kinder (39 %) gaben an, dass ihnen in letzter Zeit von ihrem Papa vorgelesen wurde. Dabei sind auch vorlesende Väter wichtig und können tolle Lesevorbilder sein. Ebenso wie Erzieher und Erzieherinnen, Großeltern, Geschwister ... Denn jede und jeder liest auf eine ganz eigene Weise vor.

Viele Eltern wählen zum Beispiel das Zubettgehen als passende Zeit für das Vorlesen aus. Selbstverständlich können Sie auch länger oder häufiger vorlesen (z.B. unterwegs, im Wartezimmer, mit Freunden, nach dem Mittagessen). Was genau dabei vorgelesen wird, also der Inhalt des Buches, ist dabei für die Sprachentwicklung erst mal gar nicht so wichtig.

Eine Möglichkeit, das Interesse von Kindern an Büchern zu wecken, ist daher, ihnen die Auswahl zu überlassen, welche Bücher sie gerne vorgelesen bekommen möchten. Auch wenn es Comics sind oder Bücher, die Sie selbst nie ausgewählt hätten – Ihr Kind ist sicher sehr stolz auf die eigene Wahl und wird beim Vorlesen ganz besonders aufmerksam sein. Neben der eigentlichen Geschichte gefällt es vielen Kindern beim Vorlesen, dass es so eine gemütliche Situation ist, in der sie ihre Mama oder ihren Papa mal ganz für sich haben [16].

Während des Vorlesens gibt es viele Möglichkeiten, eine Verbindung zwischen dem Buch und Ihrem Kind herzustellen. Mehrere Studien haben gezeigt, dass dieses sogenannte dialogische Vorlesen, wenn Eltern beim Vorlesen auch über den Text des Buches hinaus mit ihrem Kind ins Gespräch kommen, den Wortschatz von Kindern vergrößern kann [z.B. 17]. Es gibt viele Möglichkeiten, eine Verbindung zwischen der Geschichte und dem Alltag Ihres Kindes herzustellen: Kennt Ihr Kind vielleicht ähnliche Situationen wie die Figuren aus dem Buch? Welche Gemeinsamkeiten oder Unterschiede lassen sich finden? Fragenstellen während des Vorlesens macht Kindern nicht nur viel Spaß, sondern ist besonders gut für ihre sprachliche Entwicklung!

Dialogisches Vorlesen für eine bessere Sprachentwicklung

Wie genau sich das Vorlesen auf die sprachliche Entwicklung von Kindern auswirkt, interessiert die Forschung schon lange. Die beiden Wissenschaftlerinnen Anne Hargrave und Monique Sénéchal haben in ihrer Studie eine Vorlese-Intervention mit 36 Vorschulkindern durchgeführt [17]. Alle teilnehmenden Kinder hatten zu Beginn der Studie einen eher geringen Wortschatz im Vergleich zu anderen Kindern in ihrem Alter. Den Kindern wurde für einen vierwöchigen Interventionszeitraum täglich jeweils mindestens zehn Minuten in der Kita von den Erzieherinnen und zu Hause von den Eltern vorgelesen. Ein Teil der Erzieherinnen und Eltern bekam vorher ein Training zur Technik des *dialogischen Vorlesens*. Sie wurden unter anderem dazu angehalten, beim Vorlesen W-Fragen zu stellen (was, wo, warum etc.), Antworten des Kindes zu wiederholen und Folgefragen zu stellen, dem Kind zu helfen und es zu loben und zu ermutigen.

Die Ergebnisse der Studie zeigten, dass alle Kinder nach dem Interventionszeitraum ihren Wortschatz verbessert hatten. Die Kinder, deren Eltern und Erzieherinnen das Training zum dialogischen Vorlesen absolviert hatten, hatten besonders große Zuwächse in ihrem Wortschatz. Neben dem eigentlichen Vorlesen ist es also für die Sprachentwicklung von Kindern besonders förderlich, auch über den Text hinaus mit dem Kind zu sprechen und es aktiv in die Geschichte einzubinden. Probieren Sie es doch einfach mal aus!

Neben dem eigentlichen Vorlesen ist auch Ihr eigenes Leseverhalten prägend für Ihr Kind: Wenn Ihr Kind Sie selbst gelegentlich beim Lesen sieht, Sie vielleicht eine Zeitung abonniert haben oder ab und zu in den Buchladen oder in die Bücherei gehen, wird das Interesse Ihres Kindes für das Lesen umso mehr geweckt [18]. Auch beim Lesen orientieren sich Kinder an ihren Eltern, und Sie können hierbei als Vorbild mit gutem Beispiel vorangehen. In unserem hektischen Alltag kommt das Lesen zum Vergnügen häufig zu kurz. Deshalb: Greifen Sie doch einfach mal wieder zu einem Buch – für Sie und Ihr Kind!

Tipps zum Vorlesen und gemeinsamen Lesen

Tipp 1

Beim Vorlesen müssen nicht immer nur Sie reden – lassen Sie ruhig auch mal Ihr Kind zu Wort kommen! Bitten Sie es zum Beispiel, die Bilder eines Buches beschreiben, und stellen Sie dabei W-Fragen:

- Was passiert hier?
- Wer ist dort zu sehen?
- Wo gehen die Menschen hin?
- Wie bewegen sie sich fort?
- Warum tun sie das?

Tipp 2

Vorlesen kann so abwechslungsreich sein! Lesen Sie zum Beispiel einmal Liederbücher und singen Sie gemeinsam oder entdecken Sie Bücher mit Gedichten und Reimen für Kinder.

Tipp 3

Sie sind mit Ihrem Kind unterwegs und haben gerade kein Buch zum Vorlesen griffbereit? Mit der kostenlosen App „Einfach vorlesen!“ (www.einfachvorlesen.de) haben Sie jede Woche drei neue Vorlesegeschichten für Ihr Kind auf Ihrem Smartphone parat – immer und überall!

Tipp 4

Nicht nur Bücher kann man vorlesen: Achten Sie einen Tag lang darauf, wo Ihnen im Alltag überall Schrift begegnet (auf Schildern, Plakaten, Kalendern, Müslipackungen und vielem mehr), und lesen Sie Ihrem Kind auch diese Texte vor.

1.3 Reime und Wortspiele

Das Wichtigste in Kürze

Neben dem Vorlesen gibt es noch viele andere Möglichkeiten, Ihr Kind mit Sprache und Schrift vertraut zu machen. Eine große Rolle beim Erlernen von Sprache spielen Reime und Wortspiele. Im Folgenden möchten wir zeigen, wie einfache Reim-, Sing- und Klatschspiele Ihr Kind auf das Lesen- und Schreibenlernen in der Schule vorbereiten können.

Erinnern Sie sich noch an Reime aus Ihren eigenen Kindertagen? „Hoppe, hoppe Reiter", „Ene mene muh und raus bist du", „Backe, backe Kuchen"... Bei dem spielerischen Umgang mit Worten ist es nicht wichtig, dass die Reime einen tieferen Sinn ergeben oder in Form eines Gedichts vorgetragen werden. Kinder sollen in erster Linie Spaß daran haben, mit Sprache und Worten zu spielen, zu experimentieren, zu erfinden oder einfach nur einmal herumzualbern zu dürfen und drauflos zu reimen.

Abbildung 1-3: Was reimt sich auf „Haus"?

Denn gerade diese Reim- und Wortspiele helfen Kindern dabei, Fähigkeiten zu entwickeln, die ihnen später in der Schule das Lesen- und Schreibenlernen erleichtern [19]. Darunter fällt insbesondere das Erkennen von Lauten, also den kleinsten gesprochenen Einheiten der Sprache, und wie diese Laute zu ganzen Worten zusammengesetzt werden. Dabei geht es nicht um das Erlernen der richtigen Schreibweise oder der Buchstaben, sondern zu erkennen, welcher Laut sich zum Beispiel am Anfang oder Ende eines Wortes befindet [20].

Viele Kindergärten setzen sogar spezielle Trainingsprogramme ein, bei denen die Erzieherinnen oder Erzieher mit den Kindern Sing-, Klatsch-, Reim- und Wortspiele spielen [21]. Aber auch wenn Ihr Kind in einem Kindergarten ist, der nicht mit solch einem Programm arbeitet, haben Sie die Möglichkeit, zu Hause mit Ihrem Kind eine Vielzahl verschiedener Reime und Wortspiele zu spielen oder Ihr Kind sogar mithilfe von gezielt entwickelten Spielen und Reimkarten zu unterstützen.

Nachfolgend möchten wir Ihnen noch genauer aufzeigen, wie Reime und Wortspiele wirken, und natürlich wieder praktische Tipps für den Alltag mit Ihrem Kind geben. Viel Spaß beim Reimen!

Der wissenschaftliche Hintergrund

Bevor Kinder in der Schule Lesen und Schreiben lernen, erwerben sie bereits im Kindergartenalter einige sogenannte Vorläuferfähigkeiten für den Schriftsprachgebrauch, also für das Lesen und Schreiben [22].

Eine besonders wichtige Rolle spielt dabei die phonologische Bewusstheit. Unter diesem sehr vielschichtigen Begriff versteht man die Fähigkeit, die Lautstruktur der Sprache zu identifizieren, zu begreifen und manipulieren zu können. Das bedeutet, dass Kinder lernen, Laute in Wörtern zu erkennen, den Sinn von Wörtern zu verstehen und schließlich neue Wörter aus Lauten zu bilden [z. B. 23].

Es können zwei Arten der phonologischen Bewusstheit unterschieden werden. Zum einen gibt es die phonologische Bewusstheit im engeren Sinn: Dies ist die Fähigkeit, einzelne Laute in einem Wort zu erkennen und Worte aus einzelnen Lauten bilden zu können. Bei dem Wort „Meer“ ist der Anfangslaut zum Beispiel ein „Mmm“. Es geht dabei nicht um den Buchstabennamen „Em“ und auch nicht darum, den Buchstaben zuordnen zu können oder zu wissen, wie dieser aussieht, sondern nur um den ausgesprochenen Laut [24].

Zum anderen gibt es die phonologische Bewusstheit im weiteren Sinn: Von ihr spricht man, wenn Kinder bereits einzelne Silben, zum Beispiel in „Kin-der-garten“, oder Reime erkennen können [24]. Es wird davon ausgegangen, dass diese speziellen Fähigkeiten durch das Spielen mit Reimwörtern und Lauten gefördert und verbessert werden können. Wie die folgende Studie zeigen konnte, entwickelten Kinder, die viele Kinderreime kannten, eine ausgeprägtere phonologische Bewusstheit [20].

Reimen für die Sprachentwicklung I

Bryant, MacLean und Bradley von der Oxford-Universität in Großbritannien untersuchten in ihrer Studie, ob Reime, Kinderreime und Vorlesen in der frühen Kindheit die phonologische Bewusstheit der Kinder positiv beeinflussen können [20].
Die Forschergruppe begleitete in einer 15-monatigen Längsschnittstudie Kinder, welche zu Studienbeginn im Durchschnitt drei Jahre und vier Monate alt waren. Die Reimfähigkeit der Kinder wurde überprüft, indem sie anhand Bildkarten mit vier abgebildeten Worten die drei Worte benennen sollten, die sich miteinander reimten. Phonologische Bewusstheit wurde überprüft, indem die Kinder aufgefordert wurden, Sätze und Worte nachzusprechen und dabei entweder das jeweils erste oder letzte Phonem, also den ersten oder letzten Laut, wegzulassen.
Die Forschenden ermittelten eine starke positive Beziehung zwischen dem Wissen der Kinder über Kinderreime und ihrer phonologischen Bewusstheit. Dies bedeutet: Je mehr die Kinder reimten, desto stärker war ihre phonologische Bewusstheit ausgeprägt. Kinder, denen es leichter fiel, Laute am Anfang oder am Ende von Wörtern zu erkennen, waren damit auch häufiger in der Lage, selbst Reime zu erkennen und zu bilden. Durch das Reimen lernten die Kinder also, Verbindungen herzustellen zwischen einzelnen Phonemen und ganzen Worten und diese neu zusammenzusetzen und auf andere Worte zu übertragen.

Aber was bedeutet diese Erkenntnis für Sie und Ihr Kind?
Die Antwort darauf geben viele Studien, die sich wiederum mit den Auswirkungen der phonologischen Bewusstheit beschäftigt haben. Hierbei zeigte sich, dass eine ausgeprägte phonologische Bewusstheit den Kindern das Lesen- und Schreibenlernen in der Schule deutlich erleichterte [19]. Dies bezieht sich auf fast alle Kompetenzen, die im Deutschunterricht relevant sind, wie etwa Rechtschreibung im Diktat oder Textverständnis.

Reimen für die Sprachentwicklung II

Inwiefern Kinderreime, phonologische Fähigkeiten und das Erlernen des Lesens und der Rechtschreibung in Zusammenhang stehen, damit befasste sich die Forschungsgruppe um Bryant, Bradley, McLean und Crossland bereits 1989 in einer Längsschnittstudie mit 64 Kindern [19]. Zu Beginn, als die Kinder im Schnitt drei Jahre alt waren, wurden die phonologischen Fähigkeiten der Kinder erfasst und im Verlauf der nächsten drei Jahre der Erfolg der Kinder beim Lesen- und Schreibenlernen untersucht. Die Forschenden kamen zu dem Ergebnis, dass es einen engen Zusammenhang zwischen dem frühen

Wissen über Kinderreime und dem Erfolg beim Lesen- und Schreibenlernen gab. Dieser Zusammenhang zeigte sich auch, wenn sie die Intelligenz der Kinder, ihre soziale Herkunft und ihre phonologischen Fähigkeiten zu Beginn der Studie berücksichtigten. Die Forscherinnen und Forscher führen diesen Zusammenhang darauf zurück, dass das Wissen über Kinderreime, das heißt ihre Anwendung und ihr Spiel damit, zu einer erhöhten phonologischen Empfindlichkeit der Kinder führte. Das heißt, dass ihr grundlegendes Bewusstsein für Sprache und deren Aufbau, wie etwa die Reihenfolge von Buchstaben innerhalb von Worten, durch Reime gezielt geschult wurde, was ihnen wiederum dabei half, das Lesen und Schreiben leichter zu erlernen. Die Forschenden schlussfolgern, dass Reime den bedeutsamsten Baustein für das Sprachenlernen von Kindern darstellen.

Aus dem Wissen um diese Zusammenhänge heraus stellten sich Forscherinnen und Forscher die Frage, ob es möglich ist, die phonologische Bewusstheit bereits vor dem Eintritt in die Schule gezielt zu fördern.

Hier lautet die Antwort: „Ja!“

Sprach- und Reimspiele haben sich besonders dafür bewährt, da diese Spiele eine besondere Aufmerksamkeit auf die Betonung, den Klang und den Rhythmus der Sprache legen und dadurch spielerisch das Sprachgefühl, die Sprachentwicklung sowie die phonologische Bewusstheit fördern.

Der Spaß, den die Kinder dabei haben, ist natürlich nicht zu vergessen!

Speziell auf die Förderung dieser Fähigkeit ausgelegte Programme, wie das Förderprogramm „Hören, Lauschen, Lernen“ [21] werden häufig in Kindergärten durchgeführt, wobei die pädagogischen Fachkräfte mit den Kindern Sprach-, Wort-, Reim-, Sing- und Klatschspiele spielen.

Aber auch Sie als Eltern sind in der Lage, in der Familie die Sprachentwicklung Ihres Kindes zu fördern und positiv zu beeinflussen. Die Forscherin Ellen Rückert und ihr Team untersuchten in einer Studie [25] genauer, wie Sie die Schrift- und Sprachkompetenzen Ihres Kindes mit viel Spaß und spielerisch fördern können.

Zehn Minuten täglich – mit weitreichenden Folgen

Ellen Rückert und ihr Forschungsteam befassten sich 2010 mit den Effekten eines Eltern-Kind-Programms, welches Kinder im Vorschulalter gezielt auf das Lesen und Schreiben vorbereiten soll [25]. Die teilnehmenden Kinder wurden in zwei Gruppen eingeteilt. Die eine Hälfte der Kinder nahm mit ihren Eltern 16 Wochen lang an dem Programm „Lass uns lesen!“ teil. Hierbei wurden die Eltern angeleitet, ihrem Kind täglich „dialogisch“ vorzulesen, also auch während des Vorlesens Fragen zum Inhalt des Buches zu stellen und Bezüge zum Alltag des Kindes herzustellen. Des Weiteren bekamen die Familien Übungen zur Förderung der phonologischen Bewusstheit (etwa zu Reimen, Anlauten, Buchstabe-Laut-Verbindungen) und zur Vermittlung einiger häufiger Buchstaben (A, O, M, E, S, U). Jeden Tag sollte ca. 10–15 Minuten eine dieser Übungen durch

geführt werden. Zudem fanden vier begleitende Elternabende statt, an welchen den Eltern das Programm erklärt wurde und auch die Gelegenheit zum Austausch untereinander, etwa zur Umsetzung der Übungen im Alltag, gegeben wurde. Die Kinder der Kontrollgruppe nahmen erst später an dem Programm teil.
Wie von den Forschenden erwartet, zeigten die Kinder, welche an dem Programm teilgenommen hatten, deutlich größere Fortschritte in der phonologischen Bewusstheit und konnten die ihnen vorgelesenen Geschichten besser verstehen als die Kinder der Kontrollgruppe.

Tipps zu Reimen und Wortspielen

Tipp 1

Suchen Sie gemeinsam mit Ihrem Kind Wörter, die sich miteinander reimen. Zeigen Sie beispielsweise auf einen Gegenstand und fragen Sie Ihr Kind „Was reimt sich auf Gabel?" Es ist nicht schlimm, wenn Ihr Kind Wörter dazu fantasiert. Die Hauptsache ist, dass die Wörter sich miteinander reimen.
Dieses Spiel können Sie jederzeit und überall spielen!

Tipp 2

Klatschen Sie mit Ihrem Kind zusammen Silben. Beginnen Sie mit leichten Wörtern: Ho-se, Na-se, Gar-ten, Mu-sik ... und steigern Sie sich mit der Silbenanzahl: Gum-mi-ball, Fen-ster-brett, Wohn-zim-mer ...
Wenn Sie es anspruchsvoller gestalten möchten, bitten Sie Ihr Kind doch, nur Silben von Wörtern zu klatschen, die sich auch reimen!

Tipp 3

Suchen Sie gemeinsam Wörter, die mit dem gleichen Laut beginnen. Lassen Sie Ihr Kind zum Beispiel alle Tiere, die es kennt, nennen, die mit einem <Mmm> beginnen, oder alle Gegenstände im Kinderzimmer, die mit einem <Fff> anfangen. Das Gleiche können Sie mit dem Namen Ihres Kindes machen! Bitten Sie zum Beispiel Lena, Tiere mit <Lll>, <Eee>, <Nnn> und <Aaa> zu nennen, oder Tim, Tiere mit <Ttt>, <iii> und <Mmm> zu finden.

Tipp 4

Zaubern Sie gemeinsam! Legen Sie viele unterschiedliche Gegenstände auf den Tisch oder den Boden, zum Beispiel Spielsachen, Kochutensilien, Obst, Schuhe etc. Gemeinsam mit Ihrem Kind zaubern Sie jetzt die Gegenstände vom Tisch oder dem Boden weg, indem Sie einen Reimspruch hexen: „Eene, meene Kuh, ich schnappe mir den Schuh!" Der weggezauberte Gegenstand wird dann vom Tisch oder Boden genommen und kann nicht mehr für einen neuen Zauber verwendet werden. Machen Sie es Ihrem Kind zuerst vor und helfen Sie gegebenenfalls bei schwierigen Wörtern, einen passenden Zauber-Reim zu finden.

1.4 Kinderbücher und Büchereien

Das Wichtigste in Kürze

Eine tolle Möglichkeit, Ihr Kind beim Erlernen von Sprache zu unterstützen, sind Bücher. Wir haben bereits im zweiten Kapitel dieses Buches darüber geschrieben, wie wichtig das Vorlesen für die Entwicklung eines Kindes ist und dass die Stiftung Lesen empfiehlt, Kindern täglich mindestens 15 Minuten vorzulesen [26].

Jedes Jahr erscheinen rund 8000 neue Kinder- und Jugendbücher, darunter Vorlesebücher, Wimmelbücher, Bilderbücher, Erstlesebücher – das Angebot an Kinderbüchern in Buchhandlungen und Bibliotheken ist riesig [27]! Wie soll man sich da bloß für ein Buch entscheiden? Und welches ist denn nun das richtige für *Ihr* Kind?

Um Ihnen den Überblick im Bücherdschungel etwas zu erleichtern, haben wir Ihnen in diesem Kapitel Informationen und Ideen rund um die Buchauswahl zusammengestellt.

Während Sie in den zahlreichen Buchhandlungen Bücher kaufen können, besteht auch vielerorts die Möglichkeit, Kinderbücher in Bibliotheken beziehungsweise Büchereien (beide Begriffe sind hier gleichbedeutend) für eine bestimmte Zeit auszuleihen. Auch wenn die Zahl der Büchereien in Deutschland seit Jahren sinkt, gibt es immer noch rund 9000 öffentliche Büchereien, welche jährlich Millionen Besuche zählen [28]. Viele Büchereien bieten auch Fahrbibliotheken, die sogenannten Bücherbusse, an, welche zum Beispiel Außenbezirke von Städten oder ländliche Gegenden mit ihrem Buchsortiment versorgen. Büchereien sind gerade für Kinder eine tolle Sache, da Sie dort kostenlos oder für wenig Geld einen großen Nachschub verschiedenster Bücher, Hörspiele und Filme erhalten und sich bei der Buchauswahl beraten lassen können. Viele Büchereien bieten auch regelmäßig Aktionen rund ums Buch an, etwa Lesungen, Spielenachmittage oder Vorlesestunden. Eine wahre Fundgrube für beginnende Leserinnen und Leser!

Bei der Buchauswahl helfen einige grobe Unterscheidungen: Vorlesebücher oder Märchenbücher enthalten verschiedene, meist eher kurze Geschichten. Wimmelbücher („Suchbilderbücher") dahingegen bestehen meist aus großformatigen Bildern, welche Sie gemeinsam mit Ihrem Kind entdecken können. Erstlesebücher zeichnen sich häufig durch eine besonders große Schrift und viele farbige Bilder aus, manchmal werden auch Wörter im Text durch kleine Bilder ersetzt. Bilderbücher für Kinder, auch Pappbilderbücher und Sachbilderbücher, gibt es zu allen denkbaren Themen und Anlässen, wobei die Bilder zum gemeinsamen Betrachten einladen [29]. Im Folgenden stellen wir Ihnen einige Leseempfehlungen und außerdem die wichtigsten Expertinnen und Experten bei der Buchauswahl vor.

Der wissenschaftliche Hintergrund

Jedes Jahr im März wird anlässlich der Leipziger Buchmesse der Leipziger Lesekompass herausgegeben, welcher besonders herausragende Neuveröffentlichungen auf dem Kinderbuchmarkt prämiert und vorstellt [30]. Die Buchempfehlungen des Leipziger Lesekompasses sind nach drei Altersklassen sortiert und bewerten die Bücher in den Kategorien Spannung, Gefühl, Wissen und Humor. Schauen Sie doch einfach mal im Internet vorbei unter: https://www.leipziger-buchmesse.de/de/lesekompass/.

Eine weitere Hilfestellung, um sich in der unübersichtlichen Welt der Kinderbücher und Lesemedien zurechtzufinden, sind die Lese- und Medienempfehlungen der Stiftung Lesen [31]: In der zugehörigen Datenbank kann man Ergebnisse nicht nur nach Thema und Zielgruppe des Mediums sowie des empfohlenen Lesealters filtern; es werden auch verschiedene Medienkategorien ausgegeben, wie etwa Comics, mehrsprachige Bücher und Zeitschriften, aber auch E-Books, Hörspiele und Apps. Die Mediendatenbank der Stiftung Lesen finden Sie online hier: https://www.stiftunglesen.de/leseempfehlungen/lese-und-medienempfehlungen.

Abbildung 1-4: Welches Buch darf es heute sein?

Neben den beiden genannten Empfehlungsübersichten beraten auch Mitarbeitende in Büchereien und Buchhandlungen gerne und mit großer Sachkompetenz. Oder fragen Sie doch mal im Kindergarten nach, welches Buch dort besonders das Interesse Ihres Kindes wecken konnte.

Allerdings sollten Sie bei all den guten Ratschlägen nicht vergessen, den größten Experten auf dem Gebiet der Buchauswahl zu befragen: Ihr Kind selbst! Es weiß am besten, was ihm gefällt und auf welche Geschichte es gerade Lust hat. Wenn Kinder selbst bestimmen können, was sie vorgelesen bekommen, haben sie in der Regel umso mehr Freude an der Geschichte.

Und auch, wenn Sie selbst das Buch ablehnen oder sogar sicher sind, dass Ihr Kind es gar nicht mögen wird: Lassen Sie sich einfach einmal darauf ein – denn auch die eigene Buchauswahl will gelernt sein, und nur durch solche Versuche kann Ihr Kind üben, worauf bei der Buchauswahl alles zu achten ist. Neben dem Thema des Buches ist hier zum Beispiel die Länge des Buches, das Sprachniveau und das Genre ausschlaggebend [32]. Womöglich entdeckt Ihr Kind ja sogar sein neues Lieblingsbuch, welches Sie dann immer wieder und wieder vorlesen dürfen.

Augen auf bei der Buchauswahl

Die beiden Autorinnen Jessica Ann Wutz und Linda Wedwick stellen in ihrem Artikel neun Kategorien der Buchauswahl vor [32]. Diese betreffen

- die Länge des Buches (Ist das Buch zu lang oder zu kurz für mich, oder gerade richtig lang?);
- die Natürlichkeit der Sprache (Fühlt sich die Erzählweise der Autorinnen und Autoren authentisch für mich an oder wirkt sie gestelzt/unnatürlich?);
- den Aufbau des Buches (Gefällt mir die Struktur, die Kapiteleinteilung des Buches?);
- das erforderliche Vorwissen (Entspricht mein Vorwissen den Anforderungen des Buches?);
- das Sprachniveau (Ist die Sprache zu schwierig oder zu einfach für mich oder gerade passend?);
- das Genre des Buches (Gefällt mir das Genre des Buches?);
- das Thema des Buches (Wovon handelt das Buch, interessiert mich dieses Thema?);
- die Verbindung zum Buch (Passt das Buch zu vorherigen Leseerfahrungen, verbinde ich es mit irgendetwas?);
- das Interesse am Buch (Interessiere ich mich für den Inhalt, den Autor, die Illustrationen?).

Diese Kategorien sollen Erstleserinnen und -leser dabei unterstützen, das für sie passende Buch auszuwählen. Bei einer Stichprobe von Grundschülerinnen und Grundschülern führte die Berücksichtigung dieser Kategorien bei der Buchauswahl dazu, dass sie mehr Freude am Lesen empfanden und das Lesen selbst dadurch als weniger schwierig erachteten.

Fast jedes Kind, dem vorgelesen wird, entwickelt irgendwann eine Vorliebe für ein ganz bestimmtes Buch. Auch wenn Sie selbst die Geschichte vielleicht schon lange nicht mehr hören können und auch Ihr Kind sie mittlerweile auswendig mitsprechen kann: Das wiederholte (Vor-)Lesen der immer gleichen Geschichte ist ganz besonders förderlich für das Lernen und verbessert das Textverständnis [33]. Auch in diesem Verhalten zeigt sich also, wie Ihr Kind intuitiv als Experte handelt.

Abgesehen von den ganz individuellen Interessen zeigen sich auch unterschiedliche Lesevorlieben in Abhängigkeit vom Geschlecht. Mag es auch wie ein Klischee wirken, so zeigen Forschungsarbeiten und auch die tagtäglichen Beobachtungen von Erziehenden, dass Jungen und Mädchen häufig unterschiedliche Präferenzen bei der Buchauswahl haben: Während Jungen Bücher häufig nach Themen oder Textlänge auswählen, legen Mädchen in der Regel mehr Wert auf die Illustrationen als Jungen. Auch bei der Themenwahl gibt es Unterschiede, wobei Sachbücher über Tiere ein Genre zu sein scheint, auf das sich alle einigen können [34].

Buchpräferenzen von Erstklässlern: Nur Prinzessinnen und Dinosaurier?

In ihrer Studie aus dem Jahr 2006 untersuchte Kathleen Mohr, welche Bücher bei Kindern am beliebtesten sind und wie sie dabei vorgehen, wenn sie sich für ein Buch entscheiden [34]. In ihrer Stichprobe von 190 Erstklässlerinnen und Erstklässlern waren insbesondere Sachbücher bei den Kindern beliebt, bei den Jungen noch mehr als bei den Mädchen. Mädchen mochten insgesamt sehr viele verschiedene Arten von Büchern. Als beliebtestes Thema standen Tiere ganz oben auf der Liste, weiterhin präferierten die Kinder Bücher zum Thema „Familie“ und humorvolle Bücher. Anders als häufig vermutet zeigten die Kinder keine Präferenz für Bücher, deren Protagonisten ihnen besonders ähnlich waren oder die ihr persönliches Lebensumfeld abbildeten.
Bei ihrer Buchauswahl machte sich die große Mehrheit der Kinder keine Sorgen über die Schwierigkeit der Texte, sondern war zuversichtlich, dass sie diese erfolgreich bewältigen konnte, zur Not mithilfe von Eltern oder Lehrern. Geschlechtsunterschiede zeigten sich dahingehend, dass Mädchen bei der Auswahl von Büchern mehr Wert auf die Illustrationen legten als Jungen und es ihnen auch leichter fiel, ihre Auswahl zu begründen. Zudem machten sie sich im Gegensatz zu Jungen weniger Sorgen über die Länge eines Buches und waren zuversichtlicher hinsichtlich ihrer Lesekompetenz.

Interessanterweise finden sich solche Unterschiede nicht nur bei Kindern, sondern auch bei den Eltern: So wählen Mütter wie auch Väter unterschiedliche Bücher in Abhängigkeit vom Geschlecht ihres Kindes. Darüber hinaus spielen neben den Interessen des Kindes und der Ästhetik des Buches auch weitere Faktoren, wie die Vermittlung von Werten, pädagogischer Anspruch und die eigenen Interessen eine Rolle [35].

Buchpräferenzen von Eltern: Nur der Inhalt zählt?

Jim Anderson und sein Team legten Eltern von vierjährigen Kindern verschiedene Buchtitel vor und fragten sie, welche davon sie ihrem Kind vorlesen würden und warum – und auch, welche sie nicht vorlesen würden und warum [35]. Dadurch wollten sie herausfinden, worauf Eltern bei der Buchauswahl für ihre Kinder besonderen Wert legen und ob sich dabei systematische Unterschiede finden lassen, zum Beispiel zwischen Vätern und Müttern oder zwischen Eltern von Mädchen und Jungen.
Anders als in vorangehenden Forschungsarbeiten, in welchen Eltern überwiegend Bücher mit erzählten Geschichten für ihre Kinder auswählten, hielten sich in der vorliegenden Studie erzählte Geschichten und Sachbücher in der Buchauswahl die Waage. Dies führen Anderson und sein Team darauf zurück, dass es mittlerweile immer mehr qualitativ hochwertige und ansprechende Sachbücher für Kinder auf dem Buchmarkt gibt. Während die Buchauswahl für Töchter breiter ausfällt, also hier auch häufig Bücher mit männlichen Protagonisten ausgewählt werden, oder welche thematisch eher männlich besetzt sind, werden für Jungen nur sehr selten typische „Mädchenbücher“, zum Beispiel mit Prinzessinnen, ausgewählt. Der wichtigste Aspekt bei der Buchauswahl war für Eltern der Inhalt des Buches, gefolgt von der Einschätzung der jeweiligen Interessen des Kindes und der wahrgenommenen Ästhetik des Buches, welche weitestgehend anhand der Illustrationen festgelegt wurde.

Tipps zu Kinderbüchern und Büchereien

Tipp 1
Sind Sie sich manchmal unsicher, ob das Buch für das Alter Ihres Kindes passend ist? Falls es keine Altersangaben gibt, können Sie einen Trick nutzen: Orientieren Sie sich am Alter der Hauptfigur im Buch – dieses sollte zum Alter Ihres Kindes passen.

Tipp 2
Achten Sie einmal ganz bewusst auf aktuelle Interessen Ihres Kindes: Ihr Sohn redet zurzeit nur über Ritter? Ihre Tochter begeistert sich für Hunde? Kaufen oder leihen Sie in der Bücherei ein Buch zu dem Thema, Ihr Kind wird sicher begeistert sein.

Tipp 3
Planen Sie am Wochenende einen Besuch bei der Oma, möchten Sie in den Zoo gehen oder auf den Spielplatz? Mit einem Buch zum Thema können Sie sich wunderbar darauf vorbereiten oder danach gemeinsam über Ihre Erlebnisse sprechen und diese mit den Inhalten des Buches verknüpfen.

Tipp 4
Die Erziehung eines Kindes stellt uns andauernd vor neue Herausforderungen. Alltägliche Abläufe wie das An- und Ausziehen, das Zähneputzen, ins Bett gehen und so weiter möchten geübt werden. Bücher, die diese Themen spielerisch aufgreifen, bieten eine tolle Gelegenheit, solche Abläufe zu besprechen und zu üben.

1.5 Lesen und schreiben lernen

Das Wichtigste in Kürze

Viele Kinder entwickeln bereits in den Vorschuljahren großes Interesse an Buchstaben. Sie beginnen, Buchstaben und Schrift, welche sie in ihrem Alltag überall umgibt, aktiv wahrzunehmen: Zum Beispiel den Text einer Zeitschrift im Wartezimmer, die Werbeplakate in der U-Bahn, Schilder oder beschriftete Objekte in ihren Gruppenräumen im Kindergarten.

Als Eltern können Sie Ihr Kind beim Kennenlernen von Buchstaben sehr gut unterstützen und ihm dabei helfen, sich mit unserer Sprache und Schrift vertraut zu machen. Dazu gehört etwa das gemeinsame Singen von Liedern, das Anhören von Gedichten und das Spielen von Reimspielen. Auch das Vorlesen von Buchstaben und Worten, wann immer sie Ihnen begegnen, kann Ihrem Kind dabei helfen, sich die verschiedenen Klänge zu merken [36]. Vielleicht lernt Ihr Kind im Kindergarten auch schon ein bisschen, Buchstaben zu schreiben, zum Beispiel den eigenen Namen.

Abbildung 1-5: Welcher Buchstabe steht denn da?

Sehr wichtig für die Entwicklung früher Lese- und Schreibfähigkeiten ist es, eine förderliche Umgebung im Kindergarten oder zu Hause zu schaffen, welche dann das Lernen der Kinder unterstützt [37]. So hilft es Vorschulkindern zum Beispiel sehr, wenn sie in ihrem Alltag häufig mit Schrift und Buchstaben in Berührung kommen. Dies ist zum Beispiel möglich über Poster mit Buchstaben, Materialien zum Lernen des Alphabets, Dekorationen, die Schrift enthalten, oder auch Bücherecken und -schränke, welche für Ihr Kind gut erreichbar sind [38].

Zudem sind Kinder häufig sehr daran interessiert, was ihre Eltern oder andere Erwachsene in ihrer Umgebung machen: Wenn Sie selbst sich also häufig mit Schrift beschäftigen, indem Sie etwa Zeitungen oder Bücher lesen, in Werbeprospekten blättern oder Rezepte (vor-)lesen, wird dadurch auch das Interesse Ihres Kindes an Buchstaben und Schrift gestärkt [39].

Alle diese kleinen, „nebensächlichen" Tätigkeiten leisten einen wichtigen Beitrag zur Entwicklung von Lese- und Schreibfähigkeiten. Und da Lesen- und Schreibenlernen in der Grundschule eine sehr wichtige Rolle spielt, sind diese Aktivitäten oder Spiele in der Kita oder daheim eine tolle Vorbereitung für die Grundschulzeit [37].

Denn für das Lesen- und Schreibenlernen in der Grundschule werden wichtige Voraussetzungen bereits im Kindergartenalter gelernt, die sogenannten Vorläuferfähigkeiten, auf die wir im Folgenden noch näher eingehen werden. Und was auch wichtig ist: Diese Aktivitäten machen Kindern oft sehr viel Spaß!

Der wissenschaftliche Hintergrund

In den letzten Jahren gelang es Forscherinnen und Forschern, immer tiefere Einblicke in das kindliche Lernen des Lese- und Schreibprozesses zu gewinnen. Eine Studie von Dorothy Strickland weist darauf hin, dass nicht nur das Lernumfeld der Kinder eine bedeutsame Rolle in der frühen Entwicklung von Lese- und Schreibfähigkeiten spielt, sondern dass auch die aktive Teilnahme von Kindern an Lese- und Schreibaktivitäten, verbale Interaktionen mit anderen Kindern und Erwachsenen und das Vorlesen das kindliche Lernen verstärken [40].

Lesen und schreiben lernen: Mit Unterstützung fällt alles leichter

In ihrer Studie aus dem Jahr 1990 berichtet Dorothy Strickland davon, wie junge Kinder lesen und schreiben lernen [40]. Ihre These ist, dass das Aufwachsen in einer Umgebung, in der Buchstaben, Schrift und Texte allgegenwärtig sind, für die Lese- und Schreibfähigkeiten von Kindern besonders förderlich ist, da Kinder im Vorschulalter besonders durch Beobachtung lernen.

Stellen Sie sich vor, Ihr Kind zeigt Ihnen einige Buchstaben in einer Zeitschrift, einer Zeitung oder einem Buch oder spricht diese laut aus. Dies deutet an, dass Ihr Kind Verbindungen herstellt zwischen dem, was es gedruckt gesehen hat, und dem, was es über Buchstaben und ihren Klang gelernt hat. Das Herstellen solcher Verbindungen wird erleichtert, wenn die Umgebung des Kindes viele Texte und dadurch Anreize bereithält.
Das Lesen- und Schreibenlernen entwickelt sich gemeinsam und hängt eng zusammen. Hierbei können Eltern ihre Kinder unterstützen und auch zur aktiven Teilnahme ermuntern: Zum Beispiel können sie Kinder inspirieren, ihre ersten eigenen Buchstaben zu schreiben und zu lesen. Beim Vorlesen kann die Aufmerksamkeit auf bestimmte Buchstaben und Textstellen gelenkt oder die Form von Buchstaben mit Figuren oder anderen Dingen aus dem Alltag des Kindes in Verbindung gebracht werden.
Es kann auch weiterhelfen, Kindern die Gelegenheit zu geben, Lesematerialien selbst zu beurteilen und mitzuteilen, was ihnen gefallen oder nicht gefallen hat, oder Zeichnungen zu dem Gehörten anzufertigen. Gerade gemeinsame Bucherfahrungen zum Beispiel beim Vorlesen tragen sehr zur Entwicklung des Lese- und Schreibprozesses bei und können das Erlernen von Buchstaben und ihrer Schreibweise für das Kind vereinfachen.

So lernen viele Kinder bereits vor Schuleintritt etwas Lesen und Schreiben oder zumindest gewisse Vorläuferfähigkeiten, die dafür benötigt werden. Beispiele für die Vorläuferfähigkeiten des Lesens und Schreibens sind etwa [37, 38, 41]:

- die „Auge-Hand-Koordination", welche die korrekte Stifthaltung beim Malen und Schreiben durch kontrollierte Bewegungen der Augen und der Hand ermöglicht;
- die „phonologische Bewusstheit", also die Fähigkeit, beim Hören und Sprechen verschiedene Laute unterscheiden zu können und diese sinnhaft zu Worten zusammensetzen oder auch Reime erkennen zu können;
- Aufmerksamkeit und Gedächtnisfähigkeit, um Ähnlichkeiten und Unterschiede in den Klängen von Buchstaben zu erkennen und sich die verschiedenen Klänge merken zu können;
- grundlegende Fähigkeiten im Bereich der Motorik, wie sie beim Schneiden und Malen benötigt werden, und um beispielsweise einen Stift richtig benutzen zu können.

Yingying Wang beschreibt in ihrer Studie noch weitere Komponenten, die für die Entwicklung früher Lesefähigkeiten wichtig sind [41]. Dazu gehören neben der sprachlichen Bewusstheit auch Wortschatzwissen, Buchstabenwissen und die sogenannte Phonem-Graphem-Korrespondenz.

Welche Fähigkeiten benötigen wir, um lesen zu können?

Lesen ist eine überaus komplexe Fähigkeit, deren Erlernen viel Zeit und Aufmerksamkeit beansprucht. Yingying Wang definiert in ihrer Studie von 2018 jene Fähigkeiten und Kenntnisse, welche als entwicklungsbezogene Vorläuferfähigkeiten für schulisches Lesen angenommen werden können [41].

Wichtige Komponenten dieser Vorläuferfähigkeiten sind das Wortschatzwissen, die Buchstabenkenntnis, die sprachliche Bewusstheit und die Phonem-Graphem-Korrespondenz. Unter Wortschatzwissen versteht man das Entziffern und Interpretieren von Wörtern, wodurch diese eine Bedeutung bekommen. Die Buchstabenkenntnis ist das Wissen darüber, welche Laute mit welchen Buchstaben zusammenhängen, wobei hier ein Verständnis darüber benötigt wird, wie Sprache gebildet und gesprochen wird. Sprachliche Bewusstheit umfasst die Fähigkeit zur kognitiven Sprachverarbeitung und damit beispielsweise das Verstehen der Lautstruktur der Sprache. Zu guter Letzt versteht man unter der Phonem-Graphem-Korrespondenz die Verbindung zwischen dem geschriebenen Alphabet und den einzelnen Lauten.

Während des Lernens schaffen Kinder also Verbindungen zwischen individuellen Buchstabenlauten und den Lauten kombinierter Buchstaben und kurzer Wörter. Meist lernen Kinder all diese Vorläuferfähigkeiten des Lesens noch im Vorschulalter, häufig ganz nebenbei beim Zuhören und beim Vorlesen. Nach Wangs Auffassung sind Kinder, die diese frühen sprachlichen Fähigkeiten vor dem Schulbeginn erlernen, bestens auf das Lesen- und Schreibenlernen vorbereitet, da diese Fähigkeiten die Grundlage für das Lesenlernen in der Grundschule darstellen.

Lesen- und Schreibenlernen ist ein langwieriger Prozess, und verschiedene Kinder lernen ganz unterschiedlich schnell. Das Lesenlernen fängt häufig damit an, dass Kinder „Lesen spielen“, also so tun, als ob sie schon lesen könnten, obwohl das nicht der Fall ist („Pseudolesen“). Sie blättern Bücher oder Magazine durch und versuchen, den Inhalt anhand der Bilder zu verstehen, und fangen dabei auch an, erste Buchstaben und Symbole zu lernen [42].

Auch wenn das eher nach einer lustigen Beschäftigung für ein Kind klingt, ist es ein wichtiger erster Schritt im Schriftspracherwerb. In dieser Phase lernen Kinder auch besonders gut durch sprachliche Aktivitäten. An erster Stelle steht hier das Vorlesen, aber auch einfache Unterhaltungen oder freie Erzählungen können das Interesse Ihres Kindes fürs Lesen und seine beginnenden schriftsprachlichen Fähigkeiten unterstützen [43].

Das Schreibenlernen fängt häufig damit an, dass Kinder in alle Richtungen kritzeln und dabei eher unbewusst buchstabenartige Formen kreieren. Im Kindergarten beginnen Kinder, gezielt Linien und Formen, zum Beispiel einen Kreis, nachzumalen [44].

In der Phase des beginnenden Schreibens greifen vier- bis sechsjährige Kinder Stifte in der Schreibposition und beginnen mit dem Abschreiben von Buchstaben und Wörtern. Sie fangen damit an, Laute wie „Aaaa“ oder „Llll“ mit den entsprechenden Buchstaben zu verknüpfen und somit die Aussprache und auch Bedeutung verschiedener Buchstaben zu verinnerlichen. Somit gelingt es manchen Vorschulkindern bereits, den eigenen Namen zu schreiben oder einzelne Buchstaben richtig zu benennen und zu schreiben [45].

Auch wenn die meisten Kinder schon in jungen Jahren mit ersten Schreibversuchen beginnen, bedeutet das nicht, dass alle Kinder ihre Schreibfähigkeiten im gleichen Alter erwerben. Wenn Sie also mit Ihrem Kind bereits das Schreiben üben, sollten Sie das Niveau der beginnenden Schreibfähigkeiten Ihres Kinds stets im Blick behalten und das Lehren weiterer Fähigkeiten daran anpassen – auf diese Weise profitieren Kinder am meisten von Schreibaktivitäten [46].

Frühe Schreibversuche gezielt ermutigen

Puranik und Lonigan betonen in ihrer Studie aus dem Jahr 2011 die Bedeutung von sogenannten „emergent writing skills", also den beginnenden Schreibfähigkeiten im Vorschulalter [46]. Die Fähigkeit junger Kinder, selbst zu schreiben, unterscheidet sich je nach ihrem aktuellen Entwicklungsstand. Beispielsweise impliziert das Verstehen von Buchstaben und Wörtern nicht auch zwangsläufig, diese selbst schreiben zu können und umgekehrt.

Während des Schreibenlernens eignen sich Kinder zuerst generelle Regeln des Schriftsystems an (z.B. die Schreibrichtung), bevor sie erste Schreibversuche unternehmen und schließlich Buchstaben-Laut-Verbindungen lernen. Während dieses Entwicklungsfortschrittes hin zum richtigen Lesen und Schreiben ist es wichtig, die aktuellen kindlichen Fähigkeiten zu erkennen, die Lehrmethoden dementsprechend anzupassen und damit optimales Lernen zu ermöglichen.

Auch ganz praktische Unterstützung wird hierbei benötigt. So bietet es sich beispielsweise an, Kindern verschiedene Schreibmaterialien wie unterschiedliche Stiftarten oder Wachsmalkreiden zur Verfügung zu stellen und damit ihre Schreibaktivitäten anzuregen und sie zu motivieren. Puranik und Lonigan ermutigen pädagogische Fachkräfte und Eltern auch dazu, das kindliche Lernen gezielt durch Aufforderungen und Hinweise zu unterstützen, selbst Schreiben vorzumachen und positive Rückmeldungen zu geben, um Kreativität und Schreibfähigkeiten der Kinder anzuregen. Dadurch sollten auch weniger motivierte Kinder angeregt werden, etwas zu schreiben und schreiben zu üben – auch dann, wenn sie es selbst noch nicht so gut können.

Tipps zum Lesen- und Schreibenlernen

Tipp 1

Malen mit Buchstaben:

- Malen Sie Buchstaben mit Gesichtern, Armen oder Kleidung und erfinden Sie Buchstabenfiguren. Lassen Sie Ihr Kind eigene Buchstabencharaktere malen. Beispielsweise kann der Buchstabe A ein Hut sein oder der Buchstabe D einen dicken Bauch haben. Üben Sie dabei auch die Aussprache der jeweiligen Buchstaben.
- Zeichnen Sie Buchstaben mit unterschiedlichen Farben und Mustern. Wechseln Sie sich mit Ihrem Kind ab und lassen Sie es dasselbe tun. Bitten Sie Ihr Kind, die Buchstaben, die Sie beide gezeichnet haben, richtig zu benennen.

Tipp 2

Bilden Sie große Buchstaben, indem Sie verschiedene Objekte benutzen, als ob sie Puzzleteile wären (nutzen Sie z. B. Spielzeuge, Essen, Schreibwaren etc.). Wenn möglich, lassen Sie Ihr Kind Objekte suchen, deren Namen mit demselben Buchstaben beginnen. Zum Beispiel: „Lass uns den Buchstaben B zusammen malen! Aber zuerst müssen wir Dinge finden, die mit dem Buchstaben B beginnen. Wie wäre es, wenn wir den Buchstaben B formen, aus einer Banane, einem Ball, einem Bären, einem Brokkoli und einem Buch?“ Dann platzieren Sie diese Materialien auf dem Boden oder auf einem Tisch und bilden gemeinsam den großen Buchstaben B.

Tipp 3

Buchstabenkekse:

Backen Sie doch einmal Kekse in Form von Buchstaben! Rollen Sie zuerst den Keksteig aus und stechen oder schneiden Sie dann die Kekse in Form unterschiedlicher Buchstaben aus. Spielen Sie Schreib- und Benennspiele, während Sie die Kekse essen. Bitten Sie zum Beispiel Ihr Kind, seinen Namen mithilfe der Keksbuchstaben zu schreiben, oder bilden Sie Wörter und ermutigen Sie Ihr Kind, diese gemeinsam zu lesen.

Tipp 4

Buchstabengeschichten:

Hier benötigen Sie ein Blatt Papier, ein Whiteboard oder eine Tafel. Schreiben Sie Buchstaben auf und bilden Worte aus den jeweiligen Buchstaben. Erfinden Sie anschließend eine Geschichte zu dem gebildeten Wort: Schreiben Sie zum Beispiel B-A-U-M, malen Sie einen Baum und erfinden Sie eine Geschichte eines Baumes, der in den Wald wandert und Baumfreunde kennenlernt. Ermutigen Sie dann Ihr Kind, es Ihnen gleichzutun und seine eigene Geschichte zu erfinden. Es gibt hierbei keine richtigen oder falschen Wörter oder Geschichten – experimentieren Sie gemeinsam mit den Buchstaben und lassen Sie Ihrer Kreativität freien Lauf!

1.6 Literatur

1. Schröder, L. & Keller, H. (2013). *Alltagsbasierte Sprachbildung* (Nifbe-Themenheft Nr. 6). Osnabrück: Niedersächsisches Institut für frühkindliche Bildung und Entwicklung.
2. Lundberg, I. (2002). The child's route into reading and what can go wrong. *Dyslexia, 8,* 1–13. https://doi.org/10.1002/dys.204
3. Bandura, A. (1976). *Lernen am Modell. Ansätze zu einer sozial-kognitiven Lerntheorie*. Stuttgart: Klett.
4. Saracho, O.N. (2002). Family literacy: Exploring family practices. *Early Child Development and Care, 172* (2), 113–122. https://doi.org/10.1080/03004430210886
5. Papousek, M. (2014). Kommunikation und Sprachentwicklung im ersten Lebensjahr. In M. Cierpka (Hrsg.), *Frühe Kindheit 0 bis 3 Jahre* (S. 69–80). Berlin, Heidelberg: Springer.
6. Deutscher Bundesverband für Logopädie e.V. (o. D.). *Sprach- und Sprechentwicklung.* Verfügbar unter https://www.dbl-ev.de/logopaedie/normale-entwicklung/sprach-und-sprechent wicklung/
7. Luinge, M., Post, W., Wit, H. & Goorhuis-Brouwer, S. (2006). The ordering of milestones in language development for children from 1 to 6 years of age. *Journal of Speech Language and Hearing Research, 49* (5), 923–949. https://doi.org/10.1044/1092-4388(2006/067)
8. Hellrung, U. (2019). Sprachentwicklung und Sprachförderung. Beobachten – verstehen – handeln. Freiburg: Herder.
9. Hoff, E. (2006). How social contexts support and shape language development. *Developmental Review, 26* (1), 55–58. https://doi.org/10.1016/j.dr.2005.11.002
10. Sénéchal, M. & LeFevre, J. (2002). Parental involvement in the development of children's reading skill: A five-year longitudinal study. *Child Development, 73* (2), 445–460. https://doi.org/10.1111/1467-8624.00417
11. Aram, D. & Aviram, S. (2009). Mothers' storybook reading and kindergartners socioemotional and literacy development. *Reading Psychology, 30* (2), 175–194. https://doi.org/10.1080/027027 10802275348
12. Stiftung Lesen. (2011). *Vorlesestudie 2011. Die Bedeutung des Vorlesens für die Entwicklung von Kindern. Repräsentative Befragung von 10- bis 19-Jährigen.* Verfügbar unter https://www.stiftung lesen.de/fileadmin/Bilder/Forschung/Vorlesestudie/Vorlesestudie_2011.pdf
13. Kotte, D., Lietz, P. & Lopez, M.M. (2005). Factors influencing reading achievement in Germany and Spain: Evidence from PISA 2000. *International Education Journal, 6* (1), 113–124.
14. Mol, S.E. & Bus, A (2011). To read or not to read: A meta-analysis of print exposure from infancy to early adulthood. *Psychological Bulletin, 137* (2), 267–296. https://doi.org/10.1037/a0021890
15. Van Steensel, R. (2006). Relations between socio-cultural factors, the home literacy environment and children's literacy development in the first years of primary education. *Journal of Research in Reading, 29* (4), 367–382. https://doi.org/10.1111/j.1467-9817.2006.00301.x
16. Stiftung Lesen. (2016). *Vorlesestudie 2016: Was wünschen sich Kinder? Repräsentative Befragung von Kindern im Alter von 5 bis 10 Jahren und ihren Müttern.* Verfügbar unter https://www.stiftung lesen.de/fileadmin/Bilder/Forschung/Vorlesestudie/Vorlesestudie_2016.pdf
17. Hargrave, A. & Sénéchal, M. (2000). A book reading intervention with preschool children who have limited vocabularies: The benefits of regular reading and dialogic reading. *Early Childhood Research Quarterly, 15* (1), 75–90. https://doi.org/10.1016/S0885-2006(99)00038-1
18. Yeo L.S., Ong, W.W. & Ng, C.M. (2014) The home literacy environment and preschool children's reading skills and interest, *Early Education and Development, 25* (6), 791–814. https://doi.org/10.1080/10409289.2014.862147

19. Bryant, P.E., Bradley, L., Maclean, M. & Crossland, J. (1989). Nursery rhymes, phonological skills and reading. *Journal of Child Language, 16,* 407–428. https://doi.org/10.1017/S0305000900010485
20. Bryant, P.E., MacLean, M., Bradley, L.L. & Crossland, J. (1990). Rhyme and alliteration, phoneme detection, and learning to read. *Developmental Psychology, 26* (3), 429–438. https://doi.org/10.1037/0012-1649.26.3.429
21. Küspert, P. & Schneider, W. (2018). *Hören, lauschen, lernen. Sprachspiele für Kinder im Vorschulalter* (7., komplett überarbeitete Auflage). Göttingen: Vandenhoeck & Ruprecht.
22. Lenel, A. & Knopf, M. (2015). Die Entwicklung des Wortkonzepts im letzten Kindergartenjahr und seine Wirkung auf das Lesen in den ersten beiden Grundschuljahren. Eine entwicklungspsychologische Längsschnittstudie. *Zeitschrift für Literaturwissenschaft und Linguistik, 45,* 43–70.
23. Schneider, W. & Marx, P. (2008). Früherkennung und Prävention von Lese-Rechtschreibschwierigkeiten. In F. Petermann & W. Schneider (Hrsg.), *Angewandte Entwicklungspsychologie* (Enzyklopädie der Psychologie, Serie Entwicklungspsychologie, Bd. 7, S. 237–273). Göttingen: Hogrefe.
24. Skowronek, H. & Marx, H. (1989). Die Bielefelder Längsschnittstudie zur Früherkennung von Risiken der Lese-Rechtschreibschwäche: Theoretischer Hintergrund und erste Befunde. *Heilpädagogische Forschung, 15,* 38–49.
25. Rückert, E. M, Kunze, S., Schillert, M. & Schulte-Körne, G. (2010). Prävention von Lese-Rechtschreibschwierigkeiten: Effekte eines Eltern-Kind-Programms zur Vorbereitung auf den Schriftspracherwerb. *Kindheit und Entwicklung, 19,* 82–89. https://doi.org/10.1026/0942-5403/a000012
26. Stiftung Lesen. (2018). *Vorlesestudie 2018. Regelmäßiges Vorlesen erleichtert Grundschülern das Lesenlernen.* Verfügbar unter https://www.stiftunglesen.de/fileadmin/PDFs/Vorlesestudie/Vorlesestudie_2018_01.pdf
27. Börsenverein des Deutschen Buchhandels. (2021). *Buch und Buchhandel in Zahlen 2021. Zahlen, Fakten und Analysen zur wirtschaftlichen Entwicklung.* Frankfurt a.M.: Börsenverein des Deutschen Buchhandels.
28. Deutsche Bibliotheksstatistik DBS. (2021). *Gesamtauswertung Berichtsjahr 2020.* Verfügbar unter https://www.bibliotheksstatistik.de
29. Bibliothek für Jugendbuchforschung. (o.D.). *Katalog der Primärliteratur.* Verfügbar unter https://www.uni-frankfurt.de/50991611/Kataloge_und_Datenbanken__Institut_f%C3%BCr_Jugendbuchforschung__FB_10
30. Leipziger Buchmesse. (o. D.). *Der Lesekompass – Kinder fürs Lesen begeistern.* Verfügbar unter https://www.leipziger-buchmesse.de
31. Stiftung Lesen. (o. D.). *Lesetipps und Aktionsideen.* Verfügbar unter https://www.stiftunglesen.de/loslesen/lesetipps-und-aktionsideen
32. Wutz, J. & Wedwick, L. (2005). BOOKMATCH: Scaffolding book selection for independent reading. *The Reading Teacher, 59* (1), 16–32. https://doi.org/10.1598/RT.59.1.3
33. McGee, L.M. & Schickedanz, J.A. (2011). Repeated interactive read-alouds in preschool and kindergarten. *The Reading Teacher, 60* (8), 742–751.
34. Mohr, K. (2006). Children's choices for recreational reading: A three-part investigation of selection preferences, rationales, and processes. *Journal of Literacy Research, 38* (1), 81–104. https://doi.org/10.1207/s15548430jlr3801_4
35. Anderson, J., Anderson, A., Shapiro, J. & Lynch, J. (2001). Fathers' and mothers' book selection preferences for their four year old children. *Reading Horizons: A Journal of Literacy and Language Arts, 41* (4), 191–210.

36. Burgess, S. (1997). The role of shared reading in the development of phonological awareness: A longitudinal study of middle to upper class children. *Early Child Development and Care, 127* (1), 191–199. https://doi.org/10.1080/0300443971270116
37. Niklas, F. & Schneider, W. (2013). Home literacy environment and the beginning of reading and spelling. *Contemporary Educational Psychology, 38* (1), 40–50. https://doi.org/10.1016/j.cedpsych.2012.10.001
38. Colorado Preschool Program Staff. (2012). *Preschool reading, writing, and communication academic standards in high quality early childhood care and education settings.* Available from https://www.cde.state.co.us/sites/default/files/documents/cpp/download/standards/prek_rwc_in_high_quality_settings.pdf
39. Mancini A. L., Monfardini, C. & Pasqua, S. (2015). Is a good example the best sermon? Children's imitation of parental reading. *Review of Economics of the Household, 15,* 965–993.
40. Strickland, D. S. (1990). Emergent Literacy: How young children learn to read and write. *Educational Leadership, 47* (6), 18–23.
41. Wang, Y. (2018). Emergent reading and brain development. In D. Farland-Smith (Ed.), *Early childhood education.* London: IntechOpen.
42. Chall, J. S. (1983). *Stages of reading development.* New York, NY: McGraw-Hill Book Company.
43. Suggate, P., Lenhart, J., Vaahtoranta, E. & Lenhard, W. (2021). Interactive elaborative storytelling in pre-schoolers compared to repeated-reading and phonemic awareness interventions. *Cognitive Development, 57.* https://doi.org/10.1016/j.cogdev.2020.100996
44. Sulzby, E. & Teale, W. H. (1985). Writing development in early childhood. *Educational Horizons, 64* (1), 8–12.
45. Tolchinsky Landsmann, L. & Levin, I. (1987). Writing in four- to six-year-olds: Representation of semantic and phonetic similarities and differences. *Journal of Child Language, 14* (1), 127–144. https://doi.org/10.1017/S0305000900012770
46. Puranik, C. S. & Lonigan, C. J. (2011). From scribble to scrabble: Preschool children's developing knowledge of written language. *Reading and Writing, 24* (5), 567–589. https://doi.org/10.1007/s11145-009-9220-8

2
Frühe mathematische Kompetenzen

2.1 Mathematik im Alltag

Das Wichtigste in Kürze

Ein zentrales Fach in der Grundschule ist die Mathematik. Mathematische Zeichen (also die Zahlen) und mathematisches Vorwissen können Kinder allerdings schon lange vor Schuleintritt ganz spielerisch im Alltag lernen [1]. Zu diesem Vorwissen gehört, dass Ihr Kind die Zahlennamen kennt, richtig zählen lernt, die Zahlsymbole identifizieren oder auch kleinere Anzahlen an Dingen vergleichen, zusammenzählen oder aufteilen kann.

Kinder verfügen bereits ab der Geburt über erste mathematische Fähigkeiten [2]. So sind beispielsweise schon Babys überrascht, wenn man nacheinander zwei Puppen hinter einem Sichtschutz versteckt, dann aber nur noch eine Puppe sichtbar ist, wenn der Sichtschutz entfernt wird [3]. Selbst kleinere Mengen bis zu einer Anzahl von drei bis vier Dingen können jüngste Kinder bereits korrekt unterscheiden. Im Alter von zwei bis drei Jahren fangen dann viele Kinder mit dem Zählen an, und mit dreieinhalb Jahren können viele Kinder auch schon die Zahl 1 zu einer Menge korrekt dazuzählen oder davon abziehen. Diese Entwicklung findet also lange vor der Einschulung im Umfeld der Familie statt.

Dabei ist es jedoch wichtig zu beachten, dass die Entwicklung jedes einzelnen Kindes unterschiedlich schnell verläuft und diese Altersangaben damit nur Richtwerte sind. So kann ein vierjähriges Kind noch große Probleme haben, korrekt bis zehn zu zählen, während ein anderes, gleichaltriges Kind problemlos korrekt bis dreißig zählt [2]. Solche Unterschiede sind in diesem Alter noch völlig normal!

Warum aber ist es überhaupt wichtig, frühe mathematische Fähigkeiten bei Kindern zu üben? Langweilen Kinder sich denn nicht in der Schule, wenn sie schon vorher so viel gelernt haben? Eine klare Antwort darauf bieten wissenschaftliche Studien, welche die mathematische Entwicklung von Kindern im Kindergartenalter bis zum Ende der Grundschulzeit untersuchen [z. B. 4, 5]. Es zeigte sich, dass diejenigen Kinder, die schon im Kindergartenalter mehr mathematisches Vorwissen angesammelt hatten, später auch diejenigen waren, die sich in Mathematik in der Schule leichter taten.

Es lohnt sich also, Kindern frühzeitig mathematisches Wissen beizubringen. Die gute Nachricht dabei ist: Das geht wirklich ganz leicht und nebenher im Alltag! In unseren praktischen Tipps am Ende dieses Kapitels haben wir Ihnen wie immer einige Anregungen zusammengestellt, die sich ganz leicht umsetzen lassen.

Der wissenschaftliche Hintergrund

Es ist sicher nicht Ihre Aufgabe, Ihr Kind zu „trainieren" und als Mathematiklehrerin oder -lehrer aufzutreten. Sie benötigen auch kein pädagogisches oder mathematisches Vorwissen, um das Interesse Ihres Kindes an Mathematik zu wecken. Stattdessen können Sie versuchen, Ihrem Kind möglichst viele Gelegenheiten zu bieten, jeden Tag mit Mathematik in Kontakt zu kommen. Denn nur, wenn Ihrem Kind Mathematik immer wieder auf irgendeine Art und Weise begegnet, kann es Interesse für mathematische Inhalte entwickeln [6, 7].

Gleichzeitig stellt sich aber auch die Frage, wo und wie Kinder überhaupt mit Mathematik in Berührung kommen und wie wir sie dabei unterstützen können. Oder anders formuliert: Was können Sie im Alltag ganz konkret machen, und wie können Sie den Alltag für mathematisches Lernen nutzen?

Hierzu hilft es, sich zunächst bewusst zu machen, dass mathematische Inhalte fast überall um uns herum anzutreffen sind. Beispielsweise begegnen uns Zahlen im Alltag in ganz vielen Situationen und Zusammenhängen: Wir finden Zahlen

- als Nummern auf Sporttrikots;
- auf Preisschildern beim Einkaufen;
- als Haus-, Bus- und Zugnummern;
- auf Uhren;
- auf dem Thermometer;
- beim Wiegen und Abmessen;
- als Maß für die Geschwindigkeit (z. B. eines Autos).

Diese Liste an Beispielen ließe sich noch problemlos fortsetzen und zeigt die Bedeutung von Zahlen und Zahlsymbolen. Auch wird deutlich, dass Zahlen immerzu um uns herum zu finden sind oder verwendet werden. Damit ist aber auch klar, dass man Mathematik im Alltag ganz einfach nebenbei erlernen kann.

Dieses Lernen geht ganz spielerisch, und man braucht dazu auch keine teuren Hilfsmittel, Lernprogramme oder Spiele. Vielmehr können Sie einfach versuchen, sich eine „mathematische Brille" aufzusetzen. Das bedeutet, in alltäglichen Situationen und Aktivitäten die ohnehin enthaltenen Möglichkeiten, Mathematik zu lernen, wahrzunehmen und auch zu nutzen [8]. Ein erstes Ziel ist es also, den Blick für mathematische Inhalte zu schärfen, die im alltäglichen Handeln Ihres Kindes enthalten sind (z. B. Zahlsymbole, die auf Spielsachen stehen, oder auch Dinge, die man abzählen kann). Dabei ist es egal, ob Sie tatsächliche gedruckte Zahlen auf einer Uhr, einem Preisschild oder einem Bus lesen, ob Sie überlegen, wie oft Sie noch schlafen müssen, bis wieder Wochenende ist, oder ob Sie gemeinsam die gesammelten Pilze nach einem Waldausflug zählen und ihren verschiedenen Sorten zuordnen. Wichtig ist nur, dass Sie sich gemeinsam mit Ihrem Kind mit Mathematik beschäftigen.

Abbildung 2-1: Wie viele Steinpilze kommen heute in die Pilzsuppe?

Tabelle 2-1: Meilensteine in der Entwicklung mathematischer Fähigkeiten (adaptiert nach [2], S. 12)

Alter	Entwicklungsschritt
Ab der Geburt	Kleine Anzahlen können unterschieden werden.
Ab etwa 4 Monaten	Die Zahl 1 kann hinzugenommen oder abgezogen werden.
Etwa 1 Jahr	Zunehmende Anzahlen können von abnehmenden Anzahlen unterschieden werden.
2 Jahre	Zählwörter werden gelernt.
2,5 Jahre	Es wird erkannt, dass Zählwörter Mengen größer als eins bedeuten.
3 Jahre	Kleinere Objektanzahlen können gezählt werden.
3,5 Jahre	Die Zahl 1 kann in Bezug auf Objekte und Zahlwörter addiert oder abgezogen werden.
4 Jahre	Finger werden als Hilfe beim Addieren eingesetzt.
5 Jahre	Kleine Zahlen können addiert werden.
6 Jahre	Es wird verstanden, dass die Anzahl von Dingen unabhängig davon ist, wie diese angeordnet werden.
7 Jahre	Kinder haben einige mathematische Fakten auswendig gelernt und können diese aus dem Gedächtnis abrufen.

Ebenfalls ist es wichtig, die mathematischen Fähigkeiten Ihres Kindes richtig einzuschätzen. Hierbei hilft es, wenn man abschätzen kann, welche Fähigkeiten Kinder in welchem Alter jeweils ungefähr im Durchschnitt aufweisen [2]. Einige der wichtigsten Entwicklungsschritte („Meilensteine") zeigt die obenstehende Tabelle. Bitte beachten Sie, dass die Altersangaben natürlich nur ungefähre Richtwerte sind, das heißt, dass verschiedene Kinder bestimmte Fähigkeiten auch schon früher oder aber erst wesentlich später erlernen. Aus der Auflistung wird ersichtlich, dass Kinder schon früh wichtige mathematische Fähigkeiten besitzen. Außerdem lernen sie wichtiges mathematisches Wissen im Familienkontext dazu.

Auf dieser Grundlage können Sie versuchen herauszufinden, wie weit Ihr Kind ist, was es schon alles kann oder wo es noch Ihre Unterstützung benötigt. Denn es ist wichtig, Ihr Kind da abzuholen, wo es mit seinem Wissen in diesem Moment steht [9]. Wenn Ihr Kind die Zahlen von 1 bis 9 oder das Zählen bis 20 noch nicht richtig gelernt und verstanden hat, wird es eher wenig bringen, ihm die Zahlen zwischen 10 und 20 oder das Zählen ab 20 beizubringen.

Auch wenn dies alles vielleicht im ersten Moment kompliziert klingen mag: Dieser Aufwand lohnt sich durchaus: Studien belegen, dass Kinder bessere mathematische Vorkenntnisse haben und auch viel dazulernen, wenn sie im Familienalltag mit Mathematik in Berührung kommen [10].

Einfache mathematische Interaktionen zahlen sich aus

In einer australischen Studie von Niklas, Cohrssen und Tayler im Jahr 2016 erhielten Eltern im Rahmen eines Elternabends im Kindergarten ihres Vorschulkindes wichtige Informationen über die Bedeutung der Familie für frühes mathematisches Lernen [10]. So erfuhren die Eltern in der Veranstaltung beispielsweise, dass sie im Alltag Gelegenheiten nutzen sollten, um Zahlen zu benennen, Dinge zu zählen, Würfel-, Zähl- oder Rechenspiele zu spielen und Mengen zu vergleichen („Wenig oder viel?", „Wer hat mehr, wer hat weniger?"). Außerdem wurde ihnen empfohlen, ihren Kindern zu zeigen, wie wichtig Mathematik im Alltag ist und dass wir Mathematik andauernd nutzen, zum Beispiel wenn wir bezahlen, kochen, die Uhrzeit lesen oder Besteck abzählen.

Darüber hinaus trafen die Forschenden die Eltern zusammen mit ihrem Kind zu einer kurzen Spielsitzung. Hierbei wurde ein einfaches Würfelspiel gespielt, bei dem man würfelte, sich die entsprechende Anzahl an Spielplättchen nehmen sollte und damit das Zählen und Vergleichen einübte.

Diese einfachen Maßnahmen hatten zur Folge, dass mathematische Aktivitäten im Familienalltag häufiger und bewusster durchgeführt wurden. Somit wurde auch die Qualität der numerischen Lernumwelt verbessert. Dies hatte den schönen Effekt, dass auch die Kinder von Eltern, die an den Maßnahmen teilgenommen hatten, ihre mathematischen Vorläuferfähigkeiten gegenüber denjenigen Kindern verbessern konnten, deren Eltern nicht teilgenommen hatten.

Diese Studie zeigt, dass es sich durchaus lohnt, den Alltag für mathematisches Lernen zu nutzen. Beispielsweise können Sie mit Ihrem Kind regelmäßig Dinge in der Umgebung abzählen oder es beim Kochen oder beim Bezahlen beteiligen. Genauso können Sie auch erklären, wie viel Grad es gerade draußen hat und wo wir das ablesen können, wie schnell Sie mit dem Auto fahren und welche Zahlen auf den Verkehrsschildern oder auf Briefkästen und Häusern stehen.

Nutzen Sie ganz einfach den Alltag und Ihre Umgebung! Denn – wie bereits anfangs angedeutet und hier im Folgenden noch einmal ausführlich beschrieben: Jedes frühe mathematische Wissen, das sich Ihr Kind aneignet, zahlt sich langfristig für das weitere mathematische Lernen aus [4].

Frühere und spätere mathematische Fähigkeiten im Zusammenhang

Krajewski und Schneider erforschten 2009 in einer Langzeitstudie die Entwicklung von mathematischen Fähigkeiten bei 150 Kindergartenkindern über mehrere Jahre hinweg [4]. Sie untersuchten die gleichen Kinder, mit denen sie schon im Kindergarten gearbeitet hatten, später wieder am Ende der ersten Klasse und dann auch noch einmal am Ende der vierten Klasse. Im Kindergarten sollten die Kinder dabei zum Beispiel vorwärts und rückwärts zählen, Zahlsymbole benennen, erkennen, welche Zahl vor oder nach einer anderen Zahl kommt, oder auch einfach Abzähl-, Zuordnungs- und Rechenaufgaben bearbeiten. All diese Aufgaben messen sogenannte mathematische Vorläuferfähigkeiten, von denen man weiß, dass sie die späteren mathematischen Fähigkeiten einer Person gut vorhersagen können. In der Schule bearbeiteten die gleichen Kinder dann standardisierte Mathematiktests, die sich direkt am Lehrplan der Schule orientierten und somit die mathematische Schulleistung sehr gut abbildeten.
Welcher Zusammenhang zeigte sich nun zwischen den frühen mathematischen Fähigkeiten der Kinder und ihren späteren Mathematikleistungen in der Schule?
Tatsächlich konnten die mathematischen Vorläuferfertigkeiten die späteren Leistungen sehr gut vorhersagen, und zwar selbst dann, wenn der soziale Status der Eltern, die Denkfähigkeit der Kinder und deren Gedächtnisleistungen berücksichtigt wurden. Daraus lässt sich klar schlussfolgern, dass Kinder, die im Kindergarten schon besser im Zählen sind, mehr Zahlsymbole kennen und sich beim Abzählen und mit einfachen Rechnungen leichter tun, auch diejenigen sind, die dann später weniger Probleme mit der Mathematik in der Schule haben werden. Umgekehrt wiesen die in der Schule schwächsten Mathematikerinnen und Mathematiker bereits im Kindergarten bedeutsam schlechtere mathematische Vorläuferfertigkeiten auf als Kinder, die in der Schule keine Probleme mit Mathematik hatten.

Tipps zu Mathematik im Alltag

Tipp 1

Nutzen Sie Mahlzeiten für „mathematische Interaktionen“: Lassen Sie Ihr Kind den Tisch decken und Besteck und Geschirr abzählen. Vergleichen Sie, von welchen Dingen/welchem Essen „mehr oder weniger“ auf dem Teller sind. Zum Beispiel: „Es sind mehr Erbsen als Karotten auf dem Teller, und das heißt auch, es sind weniger Karotten als Erbsen vorhanden.“ Zählen Sie mit, wie oft die Gabel oder der Löffel zum Mund geführt wird, bevor der Teller halbleer/ganz leer ist usw.

Tipp 2
Achten Sie auf „mathematische Sprache" im Alltag und sagen Sie Ihrem Kind, wie viele Minuten (oder wie viele Meter/Kilometer) Sie von zu Hause zum Kindergarten unterwegs waren, wie viel Geld Sie für den Einkauf ausgegeben haben, wie viele Tage es noch bis zum Wochenende sind, wie viele Eier Sie beim Backen abzählen oder wie viele Tomaten fürs Abendessen benötigt werden. Außerdem können Sie Ihrem Kind Zahlen zeigen, die Ihnen begegnen (z.B. als Hausnummern, auf Preisschildern oder auf Autokennzeichen). Sie werden staunen, wo Ihnen Mathematik überall begegnen wird!

Tipp 3
Ein toller Anlass für mathematische Interaktionen ist das Anziehen am Morgen: „Welches Kleidungsstück ist größer/kleiner?", „Wo sind mehr Knöpfe dran?", „Wie viele Knöpfe hat meine Jacke?", „Wie viele Kleidungsstücke haben wir an?", „Wie lange brauchst du/brauche ich zum Umziehen? – Komm, lass uns mitzählen!"

Tipp 4
Für dieses Zahlenspiel benötigen Sie Papier oder Karton und einen Stift: Basteln Sie einfache Zahlenkarten, indem Sie jeweils auf ein Stück Papier oder Karton eine Zahl schreiben. Ihr Kind kann dann eine Karte ziehen, die Zahl benennen und die entsprechende Anzahl an Gegenständen zusammensuchen. Wenn zum Beispiel die Zahl 4 gezogen wird, darf Ihr Kind vier Autos und/oder Gabeln und/oder Kissen etc. suchen. Die Regeln des Spiels können Sie beliebig variieren – vielleicht müssen heute alle vier Gegenstände rot sein?

2.2 Zahlen und elterliches Modellverhalten

Das Wichtigste in Kürze

Kinder lernen von klein auf sehr viel, indem sie bestimmte Dinge wiederholen. Dies gilt auch für das mathematische Lernen: Je öfter und regelmäßiger Sie mit Ihrem Kind über Zahlen und Mathematik sprechen, desto leichter wird es sich neues mathematisches Wissen aneignen können [11]. Dabei hilft es, wenn man sich bewusst macht, wie häufig uns Zahlen im Alltag begegnen und welche verschiedenen Bedeutungen Zahlen in den verschiedenen Kontexten haben können.

Im vorherigen Kapitel haben wir bereits gesehen, dass Zahlen in unserem Alltag fast allgegenwärtig sind. Gleichzeitig kann aber eine Zahl – etwa die Zahl 4 – je nach Kontext sehr unterschiedliche Bedeutungen annehmen: So dient die Zahl 4 auf dem Fußballtrikot in erster Linie zur Unterscheidung der Fußballspieler auf dem Platz. Ganz unabhängig von der Trikotnummer könnte die Nummer 4 in der Verteidigung, im Mittelfeld oder im Sturm spielen.

Abbildung 2-2: Zahlen lassen sich fast überall finden

Andererseits kann die Zahl 4 auch tatsächlich für die Anzahl bestimmter Dinge stehen wie zum Beispiel für die 4 Malstifte in der Stiftebox Ihres Kindes. Man kann diese Stifte abzählen und landet dann beim letzten Stift wieder bei der Zahl 4. Aber damit noch nicht genug: Wir können auch den 4. Platz in einem Wettrennen belegen oder an 4. Stelle in der Warteschlange vor der Achterbahn stehen, was jeweils bedeutet, dass noch drei andere vor uns sind. Daneben kann das Ticket für die Achterbahnfahrt 4 € kosten, es kann im Kühlschrank 4 °C kühl sein, oder wir wandern 4 km beim Ausflug. Und manchmal dauert es noch genau „4-mal" Schlafen bis zum Urlaubsbeginn oder eigenen Geburtstag.

Diese Auflistung verdeutlicht einerseits, in wie vielen Situationen wir Zahlen und Zahlworte verwenden. Andererseits wird daran auch ersichtlich, wie schwierig es für Kinder sein kann, sich beim Erlernen von Zahlen zurechtzufinden. Wenn die gleiche Zahl so viele verschiedene Bedeutungen haben kann und in so unterschiedlichen Situationen verwendet wird, ist es natürlich schwierig zu verstehen, was eine Zahl genau ist und bedeutet. Da Kinder sich aber sehr viel von älteren und erfahreneren Menschen – und insbesondere von Ihnen – abschauen [12], hilft es Ihrem Kind, wenn Sie gemeinsam über Zahlen und Mathematik sprechen.

Der wissenschaftliche Hintergrund

Kinder – und insbesondere junge Kinder – lernen sehr viel, wenn sie mit anderen gemeinsam spielen und Aktivitäten durchführen. Auch schauen sie sich viele Dinge von Erwachsenen und Kindern mit mehr Erfahrung ab und ahmen deren Verhaltensweisen nach. Diese beiden Erkenntnisse basieren auf den klassischen Lerntheorien der berühmten Psychologen Lev Vygotsky und Albert Bandura [9, 12].

Was verbirgt sich hinter der Zone der nächsten Entwicklung?

Nach Vygotskys soziokultureller Theorie wird die kindliche Denkentwicklung insbesondere dadurch gefördert, dass Personen mit Wissensvorsprung (z.B. Eltern) Personen mit geringerem Wissensstand (z.B. Kinder) beim Lernen unterstützen [9]. So können Sie als Eltern etwa gemeinsame Gespräche und Spiele im Alltag nutzen, um Ihrem Kind Wissen zu vermitteln. Von Vorteil ist hierbei, dass Kinder sehr offen dafür sind, sich von anderen Personen etwas beibringen zu lassen. Ein ganz zentrales Konzept von Vygotskys Theorie ist die sogenannte Zone der nächsten Entwicklung (engl. „zone of proximal development"), die in der Abbildung 2-3 anhand des Zählenlernens zweier Kinder verdeutlicht wird.

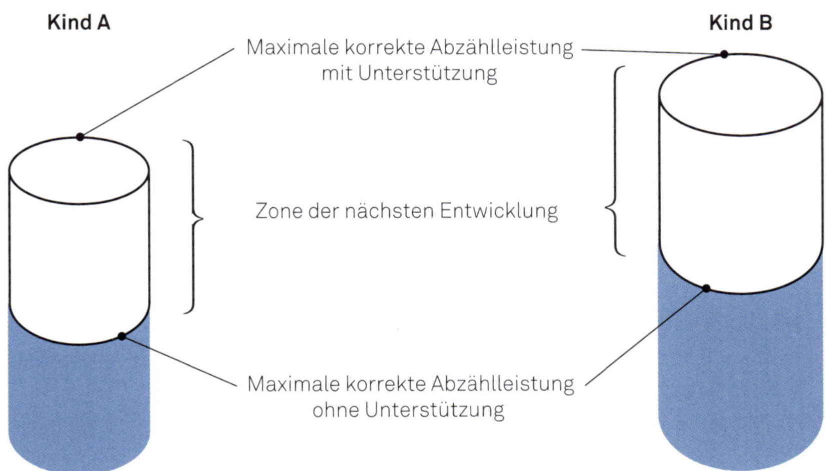

Abbildung 2-3: Zone der nächsten Entwicklung

Während Kind A beispielsweise Bausteine bis zu einer Menge von 12 richtig und ohne Unterstützung abzählen kann, gelingt es diesem Kind mithilfe eines Erwachsenen, der die Bausteine gemeinsam abzählt, diesen Vorgang bis zum 19. Baustein richtig auszuführen. Diesen Unterschied zwischen der maximalen Leistung ohne Unterstützung und der maximalen Leistung mit optimaler Unterstützung bezeichnet Vygotsky als „Zone der nächsten Entwicklung". Wenn in diesem Bereich geübt und gelernt wird, lassen sich die größten Wissenszuwächse erreichen. Die Zone der nächsten Entwicklung ist dabei nicht stabil und unveränderlich, sondern variiert zwischen verschiedenen Kindern auf unterschiedlichem Entwicklungsstand (Kind A und Kind B) und verändert sich auch für ein einzelnes Kind, wenn es neue Kompetenzen erwirbt. Optimal ist es also, wenn Ihr Kind möglichst oft in der eigenen Zone der nächsten Entwicklung lernt.

Allerdings müssen das Beibringen und Lernen nicht immer aktiv von Ihnen gesteuert werden. Stattdessen findet sehr viel Lernen im Kindesalter durch das Beobachten von anderen Personen statt [12]. Wenn Sie diese Erkenntnis berücksichtigen und bei Ihren Interaktionen mit Ihrem Kind im Hinterkopf haben, kann Ihr Kind sehr viel mathematisches Wissen nebenbei erlernen.

Sinnvolles Nachahmen: Kinder lernen durch Beobachtung

Wie bei Vygotsky steht auch bei Banduras sozial-kognitiver Lerntheorie die Interaktion zwischen Personen (also z. B. zwischen Eltern und ihren Kindern) im Mittelpunkt [12]. Zentraler Aspekt der Theorie ist das Beobachtungslernen. Beim Beobachtungslernen schaut sich die oder der Lernende (also das Kind) beobachtetes Verhalten von einem Vorbild (in diesem Fall Modell genannt) ab. Aus diesem Grund spricht man häufig auch von Modelllernen. Modelle können dabei entweder symbolisch (z. B. im Film), imaginativ (also in der eigenen Vorstellung) oder auch ganz real (z. B. Sie selbst als Eltern) auftreten.

Damit Beobachtungslernen funktioniert, muss das Kind aufmerksam sein, also das Verhalten beobachten, und sich das Gezeigte auch merken können. Daneben ist es wichtig, dass es die Möglichkeit hat, das Gelernte irgendwann auch selbst auszuprobieren und dass es überhaupt Lust dazu hat, also motiviert ist. Wenn all dies zutrifft, kann sich ein Kind also alleine durch Beobachtung neue Verhaltensweisen und neues Wissen aneignen.

Um das Lernen Ihres Kindes zu unterstützen, sollten Sie deshalb darauf achten, dass Ihr Kind Sie aufmerksam beobachtet, wenn Sie ihm etwas beibringen wollen. Aus Sicht Ihres Kindes stellen Sie als Elternteil ein sehr wichtiges und interessantes Modell dar, sodass Ihr Kind Ihnen gerne nacheifern wird. Da Sie in der Familie die Möglichkeit haben, gemeinsames Lernen häufig und regelmäßig in Angriff zu nehmen, gelingt es selbst jungen Kindern, sich das vorgemachte Verhalten mit der Zeit zu merken. Zudem können Sie Ihr Kind beim Üben bestens unterstützen und motivieren, indem Sie es häufig ermuntern und für seine Fortschritte loben.

Da Eltern die wichtigsten Vorbilder ihrer jungen Kinder sind, haben Sie auch einen großen Einfluss darauf, welche Einstellungen Ihr Kind entwickelt [13]. Ob Ihr Kind später Interesse an Mathematik haben wird, hängt also nicht zuletzt von Ihnen und Ihrer eigenen Einstellung zu Zahlen und Mathematik ab (siehe dazu auch Tipp 2 am Ende dieses Kapitels).

Auch ist Ihr Kind auf Ihre Unterstützung angewiesen, um erstes Grundlagenwissen zur Mathematik innerhalb der Familie zu erlernen. Indem Sie Ihr Kind an die Hand nehmen und anleiten, schafft es auch mathematische Aufgaben, die es vielleicht nicht alleine gemeistert hätte. So kann ein Kind gemeinsam mit Ihnen beispielsweise mathematische Wörter und die Zahlen lernen, die ihm dann später dabei helfen, das eigene mathematische Denken richtig beschreiben zu können. Hierbei zeigte sich in einer wissenschaftlichen Studie, dass es für Kinder insbesondere hilfreich ist, wenn nicht nur über niedrige Zahlen von 1 bis 3, sondern auch über höhere Zahlen gesprochen wird [14].

Zahlen lernen leicht gemacht

Gunderson und Levine wollten wissen, wie Kinder durch alltägliche Gespräche über Zahlen ein Verständnis für Zahlen aufbauen [14]. Um herauszufinden, wie das besonders gut gelingt, untersuchten sie 44 Kinder und ihre Familien vom ersten bis zum vierten Lebensjahr der Kinder. Die Familien wurden dabei alle vier Monate zu Hause besucht und neunzig Minuten lang in ihrem Alltag gefilmt, ohne dass die Familien das Ziel der Studie kannten. Sämtliche Gespräche wurden dann hinsichtlich der Häufigkeit, mit der Zahlen erwähnt wurden, ausgewertet. Mit knapp vier Jahren wurde das Zahlverständnis der Kinder getestet.

Zunächst einmal zeigte sich, dass die beteiligten Eltern insgesamt relativ selten mit ihren jungen Kindern über Zahlen sprachen. Wenn sie über Zahlen sprachen, dann zählten sie häufiger von 1 bis 3 und erwähnten nur selten höhere Zahlen. Genauso verhielt es sich mit Erklärungen, dass eine Zahl auch für eine bestimmte Anzahl an Dingen steht. Es stellte sich aber heraus, dass gerade Gespräche über Zahlen im Bereich von 4 bis 10 (oder noch darüber hinaus) stärker dazu beitrugen, den Kindern ein gutes Zahlenverständnis zu vermitteln [15]. Zwar lernten die Kinder auch etwas, wenn die Zahlen von 1 bis 3 verwendet wurden, dieser Lerneffekt war jedoch geringer.

Besonders hilfreich war es, wenn die Gespräche über Zahlen sich auf wirkliche, sichtbare Dinge bezogen (egal, ob das dann gemalte Birnen auf einem Blatt oder echte Birnen im Obstkorb waren). Wurden Zahlen hingegen ohne unmittelbaren und sichtbaren Bezug erwähnt (z.B. „Morgen kaufe ich fünf Birnen"), war dies den jungen Kindern keine wirkliche Hilfe.

Neben der Benutzung von Zahlworten können Sie auch noch weitere grundlegende mathematische und geometrische Begriffe im Rahmen des familiären Alltags vermitteln. Dazu gehören beispielsweise:

- Paarweise Zuordnungen: „Bei diesem Spiel soll jedes Kind einen Ball bekommen" – „Fehlt noch ein Ball?" – „Fehlen Kinder?"
- Das Anordnen nach einem unterscheidbaren Merkmal: „Alle stellen sich der Größe nach auf, und wir beginnen mit dem oder der Größten/Kleinsten!"

- Das Sortieren (Klassifizieren) nach Eigenschaften: „Alle runden Gegenstände kommen in die erste Schachtel, alle eckigen Gegenstände in die zweite Schachtel – nur gleiche Formen kommen zusammen."
- Räumliches Vorstellungsvermögen: „Wo kommt die Feder auf den Boden auf, wenn ich sie kräftig anpuste?"
- Das Erkennen räumlicher Zusammenhänge: „Steht die Tasse vor oder hinter dem Teller?", „Was liegt auf/unter/neben dem Tisch?".
- Wiederentdecken und Vergleichen von Figuren und Formen: „Schau mal – die gemalte Sonne sieht ganz ähnlich aus wie der Ball. Beide sind rund."

Auch wenn es auf den ersten Blick nicht unbedingt einleuchtet, hängen räumliches Vorstellungsvermögen und geometrische Begriffe auch eng damit zusammen, dass Kinder Zahlen verstehen und Zahlbegriffe lernen und somit insgesamt besser mit mathematischen Inhalten vertraut sind [16]. Nutzen Sie also möglichst vielfältige Gelegenheiten im Alltag, um mit Ihrem Kind über Zahlen, aber auch über andere mathematische Begriffe zu sprechen. Denn Kinder, die beispielsweise früher verstehen, dass eine genannte Zahl sowohl für eine bestimmte Menge an Dingen steht und zugleich beim Abzählen das letzte gezählte Ding bezeichnet, haben später weniger Schwierigkeiten bei mathematischen Aufgaben in der Schule [17].

Und Ihr Kind ist keineswegs zu jung dafür, dieses Wissen zu erwerben: Schon im Kindergartenalter meistern viele Kinder das Verständnis für Anzahlen. Dieses Wissen hilft ihnen später in der Schule, vor allem wenn es darum geht, bestimmte Anzahlen zusammenzuzählen (also zu addieren) oder voneinander abzuziehen (also zu subtrahieren) [18].

Tipps zu Zahlen und elterlichem Modellverhalten

Tipp 1

Spielen Sie doch mal mathematische Suchspiele: „Ich sehe drei große Bäume", „Ich sehe zwei blaue Autos", „Ich habe die Zahl 3 entdeckt – siehst du sie auch?" usw. Gerade unterwegs, zum Beispiel auf langen Auto- oder Zugfahrten, gibt es immer wieder neue Zahlen zu entdecken!

Tipp 2

Für junge Kinder sind ihre Eltern die bedeutsamsten und wichtigsten Vorbilder, deshalb übernehmen sie auch früh Einstellungen und Meinungen ihrer Eltern. Achten Sie einmal darauf, wie Sie über Mathematik und Rechnen sprechen. Aussagen wie „Ich mag Mathe nicht" oder „Ich war nie gut in Mathe" führen eher dazu, dass auch Ihr Kind sich nicht gerne mit Mathematik beschäftigen wird. Hingegen werden Aussagen wie „Zählen und rechnen können ist wichtig, weil wir das immer wieder brauchen" oder „Mathematik ist gar nicht schwer und macht Spaß" helfen, das Interesse Ihres Kindes an Mathematik zu wecken.

Tipp 3
Nutzen Sie das Einkaufen für „mathematische Interaktionen": Zählen Sie gemeinsam Dinge ab, schauen Sie, welche Packungen größer oder kleiner sind und was mehr oder weniger kostet. Betrachten Sie dabei gemeinsam die Zahlen auf den Preisschildern.

Tipp 4
Beteiligen Sie Ihr Kind beim Kochen und Backen. Hierbei müssen viele Dinge abgezählt und abgewogen werden. Lassen Sie Ihr Kind aktiv dabei mitmachen und zeigen Sie die Zahlen auf Packungen und Geräten: „Von welchen Zutaten brauchen wir für dieses Essen mehr und von welchen weniger?"

2.3 Frühe mathematische Kompetenzen – Zählen und Vergleichen

Das Wichtigste in Kürze

Kennen Sie schon die Zahl „Einszweidreivierfünfsechssieben"? Aber das sind doch mehrere Zahlen und nicht nur eine einzelne Zahl, meinen Sie? Damit haben Sie natürlich recht. Was für uns selbstverständlich erscheint, wird von Kindern, die gerade erst das Zählen lernen, jedoch noch ganz anders wahrgenommen. Bevor Kinder die Bedeutung einzelner Zählzahlen kennen, lernen sie Zahlenreihenfolgen erst einmal auswendig wie einen Spruch oder ein Gedicht. Somit können sie diese Aneinanderreihung von Zahlen auch nur vollständig am Stück wiedergeben, ohne dass sie den einzelnen Zahlen ein Objekt zuordnen können [19]. Erst mit zunehmendem Wissen über Zahlen und Zählen können Kinder einzelne Zahlen identifizieren und verstehen, dass sich hinter einem Zahlwort auch eine Anzahl verbirgt.

Neben dem Verständnis, dass jedes Zahlwort für genau eine bestimmte Anzahl an Dingen steht, müssen Kinder beim Zählen aber noch mehr Wissen über Zahlen lernen. Zu den wichtigen Lernaufgaben für Kinder im Vorschul- und Grundschulalter gehören hierbei verschiedene Zählprinzipien und Fähigkeiten [20]:

- Beim Zählen wird das genannte Zahlwort immer einem einzigen Objekt zugeordnet.
- Beim Zählen wird kein Objekt ausgelassen oder doppelt gezählt.
- Zählwörter müssen immer in einer stabilen Reihenfolge genannt werden.
- Das Zählen kann bei jedem Objekt in der Menge beginnen, und man gelangt trotzdem am Ende immer zur gleichen Zahl.
- Man kann mit einer beliebigen Zahl beginnen und von dort aus weiter zählen.
- Man kann rückwärts zählen.
- Man kann in Zweierschritten vorwärts oder auch rückwärts zählen.

Diese Auflistung macht deutlich, wie schwierig es für junge Kinder ist, ein Grundwissen über Zahlen und Zählweisen aufzubauen – Kinder erarbeiten sich dieses Wissen mühsam Schritt für Schritt. Auch deshalb ist es immer sehr hilfreich, wenn Erwachsene, wie etwa Sie als Eltern, das Lernen unterstützen und möglichst viele Gelegenheiten nutzen, um Kindern das Zählenüben zu erleichtern.

Der wissenschaftliche Hintergrund

Bereits sehr jungen Kindern gelingen erste Vergleiche zwischen „wenig" und „mehr". Sie können also zum Beispiel unterscheiden, auf welchem Keks mehr Schokostückchen sind und auf welchem weniger. Jedoch dauert es etwas, bis aus dieser noch groben Unterscheidung ein tieferes Verständnis für Zahlen und Zählen wird. Deutlich wird dies auch im Modell von Krajewski, bei dem sich die Entwicklung früher mathematischer Kompetenzen in mehreren Niveauebenen bis ins Grundschulalter hinzieht [21].

Wie entwickelt sich das mathematische Wissen junger Kinder?

Das Entwicklungsmodell früher mathematischer Kompetenzen von Krajewski (siehe auch Abbildung 2-4) geht davon aus, dass Kinder zunächst numerische Basisfertigkeiten erwerben müssen, bevor ein tieferes numerisches Verständnis ermöglicht wird [21]. Auf einer basalen ersten Ebene kann ein Kind bereits Mengen beim gleichzeitigen Betrachten miteinander vergleichen („mehr/weniger"), und es erwirbt ein erstes Verständnis für das Zählen, wobei jedoch nur die Reihenfolge der Zahlen berücksichtigt wird.
Durch Verknüpfung von Mengen- und Zahlenkonzept auf der zweiten Ebene erkennt das Kind dann, dass eine Zahl immer auch für eine bestimmte Anzahl an Dingen steht. Kinder verstehen also, dass die Zahlenfolge auch mit einer immer größer werdenden Anzahl an Dingen einhergeht. Außerdem erkennen sie, dass man Mengen in Teile zerlegen und wieder zusammensetzen kann und dass sich hierbei deren Größen ändern (also eine Zu- oder Abnahme der Menge vorliegt). Letztlich wird auf der dritten Ebene das Verständnis zu verschiedenen Mengen und das Wissen über Zahlen als Anzahlen verknüpft. Damit erwerben Kinder ein tieferes Verständnis über die Struktur von Zahlen. Sie wissen nun beispielsweise, dass eine bestimmte Anzahl an Dingen sich in kleinere Anzahlen aufteilen lässt oder auch, dass zwei Mengen sich um eine dritte Menge unterscheiden, die wiederum durch eine einzige exakte Zahl wiedergegeben werden kann.
Für Sie als Eltern kann es hilfreich sein, zu erkennen, welches mathematische Wissen Ihr Kind bereits beherrscht, was die nächsten Lernschritte sind und wobei Sie Ihr Kind unterstützen können.

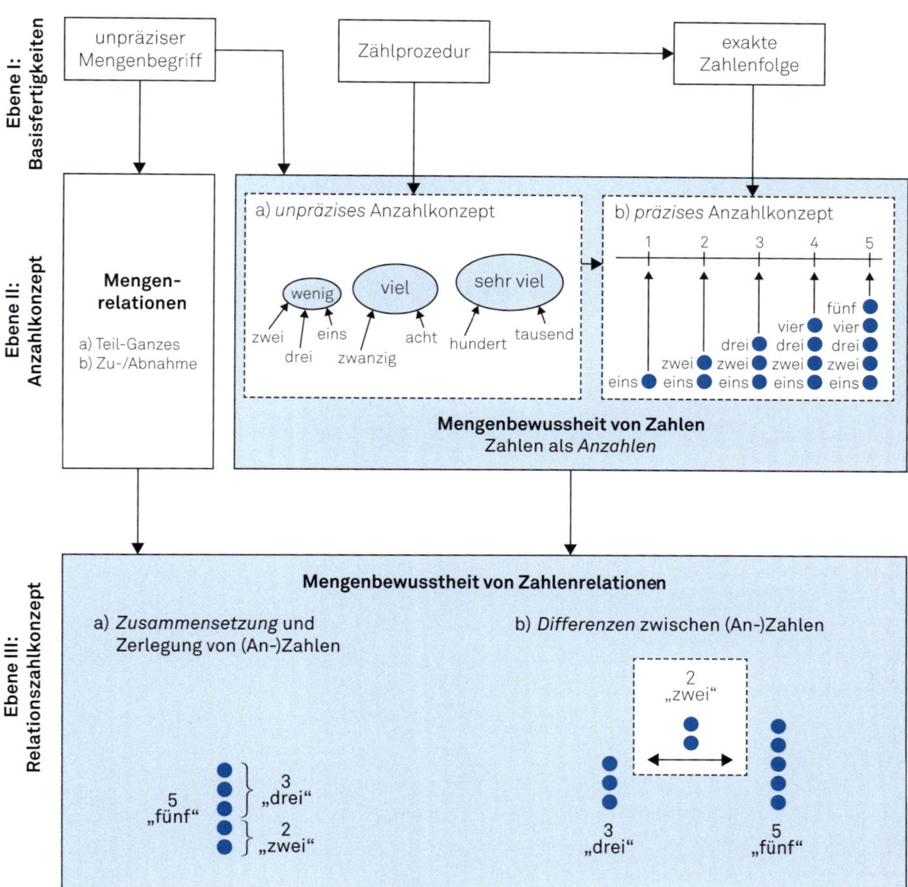

Abbildung 2-4: Entwicklungsmodell mathematischer Kompetenzen nach Krajewski [21]

Auch in diesem Modell wird also deutlich, dass Kinder erst mit zunehmendem Alter und mathematischem Wissen die einzelnen Zahlen verstehen, die hinter einem Zahlwort stehen. Meist erst im Vorschul- und Grundschulalter wird dann jedes Zahlwort auch bewusst als Anzahl wahrgenommen, und dann können Kinder erste Rechnungen mit Zahlen durchführen. Die Entwicklung des Zahlenverständnisses und des Zählens wurde bereits ausführlich untersucht und beschrieben [19].

Lernen Kinder das Zählen (1, 2, 3 ...) im Sauseschritt?

Die Abbildung 2-5 gibt einen Überblick über die Entwicklung des Zahlbegriffs, wie er sich in den umfangreichen Untersuchungen von Karen Fuson gezeigt hat [19].

Abbildung 2-5: Entwicklung des Zahlbegriffs nach Fuson [19]

Während die Zahlreihe zunächst in jungen Jahren als ein Wort beziehungsweise ein Band verstanden wird, folgt ab ca. drei bis vier Jahren eine unzerbrechliche Kette. Das heißt, das Kind nimmt die Zahlen zwar bereits einzeln wahr, allerdings sind diese immer noch untrennbar miteinander verbunden. Beim Zählen muss das Kind deshalb auch immer bei der 1 beginnen. Auf dieser Stufe entwickeln Kinder trotzdem bereits eine erste bildliche Zahlvorstellung.

Mit etwa vier bis fünf Jahren kommt es zum Aufbrechen der Ketten. Nun kann auch von einer anderen Zahl als der 1 das Zählen begonnen und rückwärts gezählt werden. Zugleich entwickeln die Kinder auch ein Teile-Ganzes-Schema (ein „Ganzes" lässt sich in „Teile" zerlegen und daraus wieder zusammensetzen, so wie sich die Zahl 7 in 2 und 5 zerlegen lässt).

Zumeist erst im Vor- und Grundschulalter wird aus der trennbaren Kette eine numerische Kette, bei der dann jedes Zahlwort als einzelne Zähleinheit wahrgenommen wird. Kinder verstehen also, dass sich hinter der 8, bis zu der man gezählt hat, tatsächlich auch die Menge 8 verbirgt (kardinaler Zahlaspekt). Damit können sie nun auch erste leichte Rechnungen durchführen.

Letztlich kommt es zum echten numerischen Zählen, bei dem Kinder problemlos von einer beliebigen Zahl aus vorwärts oder rückwärts zählen können. Darüber hinaus verstehen sie, dass jedes Zahlwort einen festen Platz in der Zahlreihe hat, dass ein Zahlwort alle vorausgehenden Zahlwörter umfasst und dabei exakt um eins größer ist als das vorausgehende Zahlwort.

Doch auch während und nach dem Zählenlernen müssen Kinder noch weitere mathematische Begriffe lernen und meistern. Sogenannte Relationsbegriffe dienen dazu, Ordnung in die eigene Wahrnehmung von Mengen zu bringen. Begriffspaare wie beispielsweise „mehr – weniger", „vor – hinter", „über – unter", „zunehmend – abnehmend" sind dabei sehr wichtig für Kinder, um ihre Wahrnehmung der Umwelt zu strukturieren und zu artikulieren. Diese und ähnliche Begriffe lernen Kinder nach und nach zu verstehen und zu deuten, noch ehe sie diese Begriffe auch selbst im Gespräch aktiv verwenden. Kinder entwickeln hierbei Raum- und

Abbildung 2-6: Acht Freunde nebeneinander: Manche größer, manche kleiner!

Lagebegriffe (z. B. „über", „auf", „neben", „vor"), Vorstellungen über die Ausdehnung von Dingen (z. B. so groß/klein wie ...) sowie über die Anzahl an Dingen (z. B. acht Freunde), die mit der Zeit und zunehmenden Wissen auch nur noch alleine durch Zahlen beschreibbar werden (z. B. 8).

Interventionsstudien zeigen klar, wie sich das Wissen von Kindern über Zahlen, Zählen und mathematische Begriffe fördern lässt [22]. Kinder, die gezielt unterstützt werden und die während eines solchen Trainings mathematisches Grundwissen erwerben, haben später Vorteile, wenn es um das Erlernen komplexerer Aufgaben geht, wie zum Beispiel Textaufgaben oder mehrschrittige Rechenaufgaben. Dies trifft auf Kinder sowohl mit als auch ohne Schwierigkeiten beim Erlernen mathematischer Inhalte zu. Dementsprechend profitieren also alle Kinder, wenn sie möglichst häufig mathematische Inhalte nebenbei erlernen [23].

Viel hilft viel: Warum intensives Training und Rechnen sich lohnt

Fuchs und seine Kolleginnen und Kollegen untersuchten im Jahr 2013 knapp sechshundert Erstklässlerinnen und Erstklässler mit sehr schwachen mathematischen Fähigkeiten [22]. Die Kinder wurden in drei Gruppen aufgeteilt: eine Kontrollgruppe und zwei Gruppen, mit denen Interventionen durchgeführt wurden. Letztlich kam noch eine weitere Gruppe von dreihundert weiteren Kontrollkindern hinzu, die jedoch normale Mathematikleistungen aufwiesen. Beide Interventionsgruppen erhielten nun über 16 Wochen dreimal wöchentlich ein dreißigminütiges Training. Die Inhalte waren sehr vielfältig

und gingen anfangs vom Zählen und dem Lernen der Zahlabfolge über das Verständnis der Zerlegbarkeit von Zahlen bis hin zum Rechnen.
Die beiden Interventionsgruppen unterschieden sich nur jeweils hinsichtlich der letzten fünf Minuten einer Sitzung. In der einen Bedingung wurde das Gelernte noch einmal vertieft. In der zweiten Bedingung sollten die Kinder dagegen auf Zeit so schnell wie möglich ähnliche Aufgaben lösen wie diejenigen, die sie auch schon zuvor geübt hatten. Beide Interventionsgruppen verbesserten sich deutlich stärker im mathematischen Wissen, zum Beispiel bei komplexeren Berechnungen und Sachaufgaben, als die nicht trainierte schwächere Kontrollgruppe. Die Gruppe, die am Ende so schnell wie möglich Aufgaben lösen sollte, schaffte es sogar, etwas zur Kontrollgruppe mit normalen Leistungen aufzuschließen (dies gelang den anderen Gruppen nicht). Anscheinend bauten diejenigen Kinder, die am Ende der Sitzungen sehr viele Aufgaben in kurzer Zeit lösen sollten, ein Faktenwissen auf, das ihnen dann auch bei der Lösung von neuen und komplexeren Aufgaben als Grundlage zur Verfügung stand. Auch diese Studienergebnisse verdeutlichen noch einmal, wie wichtig regelmäßiges und wiederholtes Üben ist.

Wie schon im vorhergehenden Kapitel erwähnt, können Sie vielfältige Gelegenheiten im Alltag nutzen, um mit Ihrem Kind über Zahlen sowie andere mathematische und räumliche Begriffe zu sprechen, aber eben auch, um gemeinsam zu zählen. Gelegenheiten dafür gibt es zur Genüge! So können Sie beim Treppensteigen die Stufen zählen (siehe auch Tipp 1), beim Tischdecken die Anzahl an Tellern, Gabeln und Löffel abzählen oder auch die Anzahl der Stofftiere im Kinderbett herausfinden.

In jedem Haushalt finden sich tagtäglich zahlreiche Möglichkeiten, Gespräche über mathematische Inhalte zu führen und mathematische Aktivitäten durchzuführen [24]. Dabei können Sie vergleichen, wer mehr von etwas hat (z. B. rote Legosteine), wo diese Dinge liegen (z. B. VOR dem Schrank und NEBEN dem Spielzeugauto) und wie viele davon benötigt werden (z. B. zehn Stück, damit der Turm fertiggestellt werden kann).

Und auch dies wurde bereits gesagt (vgl. Kapitel 2.2): Kinder benötigen möglichst viele Wiederholungen, damit sie neues Wissen auch wirklich dauerhaft abspeichern können [12]. Deshalb gilt auch bei mathematischen Gesprächen bei Ihnen daheim, dass Sie diese möglichst häufig und regelmäßig führen sollten und dabei keine Scheu davor haben müssen, immer wieder auf die gleichen Tatsachen hinzuweisen. Achten Sie also darauf, dass Sie jede sich bietende Gelegenheit ergreifen, um zu zählen, zu vergleichen und räumlich zu verorten. Gerne zunächst mit Ihrer Unterstützung – später, wenn Ihr Kind sich schon einiges Wissen angeeignet hat, kann es das auch ganz alleine versuchen [9].

Tipps zum Zählen und Vergleichen

Tipp 1
Wenn Sie das nächste Mal mit Ihrem Kind Treppen steigen, zählen Sie diese (evtl. erst alleine, bis Ihr Kind die Zahlenreihe gut kennt – dann können Sie gemeinsam zählen und schließlich Ihr Kind alleine zählen lassen, und Sie verbessern und unterstützen nur noch, falls nötig).

Tipp 2
Gestalten Sie ein Zählbuch zusammen mit Ihrem Kind. Malen Sie dazu auf eine Hälfte einer Seite eine Ziffer von 1 bis 9, und Ihr Kind malt dazu die entsprechende Anzahl an Dingen auf die andere Hälfte (z.B. zwei Vierecke auf der Seite mit zwei oder fünf Blumen auf der Seite mit der Ziffer 5). Wenn Ihr Kind schon so weit ist, können Sie die Übung auch auf größere Zahlen (10 und mehr) erweitern.

Tipp 3
Helfen Sie Ihrem Kind, das Zählen zu lernen und die Verbindung zwischen gezählter Zahl und der Anzahl an Dingen herzustellen. Hierzu können Sie zu Hause Dinge zählen (z.B. Bausteine, Pflanzen, Puppen, Spielzeugautos usw.) und dabei jeweils mit dem Finger auf eines der Dinge beim Zählen zeigen.

Tipp 4
Sortieren Sie Gegenstände und Spielzeug bei sich zu Hause nach Form, Größe oder Anzahl. Stellen Sie Vergleiche an, zum Beispiel: „Sind das mehr große oder kleine Autos?" „Hast du mehr Puppen oder Teddybären?", „Wer von uns hat mehr?" „Wer hat die meisten?" usw.

2.4 Mathematische Spiele und Erklärungen durch die Eltern

Das Wichtigste in Kürze

Für viele Erwachsene haben „Mathematik" und „Spielen" auf den ersten Blick nicht viel miteinander gemeinsam. Mathematik ist in unserer Vorstellung häufig mit Schulunterricht, mathematischen Formeln und auch einigen Mühen verbunden. All das ist relativ weit weg von dem Spaß und der Leichtigkeit, die wir mit kindlichem Spielen assoziieren. Aber so wie uns Mathematik in vielen alltäglichen Momenten umgibt, ohne dass uns das immer bewusst ist, so gibt es auch zahlreiche Kinderspiele mit mathematischen Inhalten [25].

Mathematisches Wissen wird beispielsweise bei Würfelspielen wie „Mensch ärgere dich nicht" oder „Kniffel" beziehungsweise „Yatzee" benötigt. Ebenso geht es bei Kartenspielen mit Zahlsymbolen wie zum Beispiel „Uno" oder bei spezifischen

Zähl- und Rechenspielen wie „Rechenkapitän“ sowohl um Spielspaß für die Kinder als auch um mathematische Inhalte. Kinder lernen bei solchen Spielen etwa Würfelbilder kennen, zu zählen und Spielfiguren eine bestimmte Anzahl an Feldern voranzuziehen. Oder sie lernen Zahlensymbole und was es bedeutet, eine bestimmte Anzahl an Karten ziehen zu müssen, was ihnen letztlich in der Entwicklung ihrer mathematischen Kompetenzen weiterhelfen kann [26].

Bei solchen Spielen sind also auch mathematische Aufgabenstellungen beteiligt, und Sie können sich sicher vorstellen, dass Kinder dabei das eine oder andere mathematische Wissen „aufschnappen“. Neben Spielen, bei denen das Mathematiklernen nicht im Mittelpunkt steht und das Lernen eher nebenbei passiert, gibt es auch eine Reihe an Spielen, die ganz gezielt versuchen, junge Kinder beim mathematischen Lernen zu unterstützen – teils auch als Lernapplikationen für digitale Medien [vgl. 27]. Bei gut gemachten Spielen passiert dies aber trotzdem auf eine so spielerische Art und Weise, dass den Kindern das Lernen ganz einfach auch Spaß macht.

Dafür müssen Sie auch gar keine teuren oder komplexen Spiele kaufen – für mathematische Spiele eignen sich sehr viele Spielsachen, die Ihr Kind vermutlich bereits ohnehin im Kinderzimmer hat! Sie können zum Beispiel Bausteine, Puppen oder Stofftiere abzählen und diese in Gruppen, etwa nach ihrer unterschiedlichen Größe ordnen. Oder Sie erfinden Ihr eigenes Spiel mit einem Stift, einem Zettel und einem Würfel: einfach ein beliebiges Spielfeld mit Kästchen aufmalen, auf dem dann die Spielfiguren gezogen werden können. Dieses Spiel können Sie auch mit Ihrem

Abbildung 2-7: Bei „Mensch ärgere dich nicht“ lernt man noch viel mehr als Zählen!

Kind gemeinsam ganz individuell gestalten. Ganz nebenbei fördern viele Würfelspiele auch die emotionalen und sozialen Kompetenzen – denn auch mit einer Niederlage umzugehen, will gelernt sein (siehe auch Kapitel 4.3 zur emotionalen Entwicklung). Viel Spaß beim Spielen!

Der wissenschaftliche Hintergrund

Nun ist es schön und gut zu wissen, dass es bestimmte Spiele gibt, die in irgendeiner Form mathematische Inhalte ganz nebenbei vermitteln. Aber hilft das denn wirklich meinem Kind dabei, etwas Sinnvolles zu lernen? Und hat mein Kind auch länger etwas davon, zum Beispiel dann, wenn es später in die Schule kommt?

Tatsächlich gibt es Studien, die den langfristigen Nutzen solcher Spiele belegen: Kinder, die zu Hause häufiger Spiele mit mathematischem Inhalt gespielt haben, weisen bessere mathematische Fähigkeiten auf [28].

Spielen zahlt sich langfristig aus I

Niklas und Schneider untersuchten im Jahr 2014 im Rahmen einer Längsschnittstudie 609 Kinder zunächst im Kindergartenalter und ein zweites Mal am Ende der ersten Klasse [28]. Dabei erhoben sie wichtige mathematische Vorläuferfähigkeiten wie beispielsweise das kindliche Zählen, die Kenntnis der Zahlsymbole und erste Rechenfähigkeiten. Am Ende der ersten Klasse wurden dann schulische mathematische Fähigkeiten mit einem am Lehrplan ausgerichteten Leistungstest erhoben und somit die Entwicklung der kindlichen Mathematikfähigkeiten gemessen.

Außerdem wurden die Eltern vor der Einschulung gefragt, wie häufig sie mit ihren Kindergartenkindern Würfel-, Zähl- und Rechenspiele spielten. Die Eltern sollten dabei angeben, ob mathematische Spiele nie, selten, eher wöchentlich oder sogar mehrmals wöchentlich gespielt wurden. Tatsächlich wiesen diejenigen Kinder, die solche Spiele häufiger gespielt hatten, bessere mathematische Vorläuferfähigkeiten im Kindergarten auf. Diese Vorläuferfähigkeiten sagten dann die späteren mathematischen Leistungen in der Schule gut vorher.

Allerdings gingen die positiven Auswirkungen der Spiele sogar noch weiter: So übte die Spielhäufigkeit nicht nur über die Kindergartenleistungen hinaus einen Einfluss auf die schulischen Leistungen aus, sondern hatte auch direkt Auswirkungen auf die spätere Mathematikfähigkeit der Kinder und sagte diese unmittelbar vorher. Diese Ergebnisse blieben auch bestehen, wenn viele verschiedene Aspekte in den Auswertungen mitberücksichtigt wurden wie beispielsweise Alter, Geschlecht, Intelligenz und sprachliche Leistungen der Kinder, ihr Kindergartenbesuch oder auch der soziale Status der Familie. Dieser Zusammenhang zeigt sich nicht nur für das Kindergartenalter und den Beginn der Schulzeit, sondern auch langfristig später in der Schule [5, 29].

Tatsächlich reichen ganz einfache Würfel- und Zahlenspiele aus, um die Entwicklung mathematischer Fähigkeiten bei Kindern zu unterstützen, was auch in verschiedenen Forschungsarbeiten klar belegt werden konnte. So wurden beispielsweise die Lernfortschritte von Kindern verglichen, die das gleiche Spiel entweder mit Farben oder mit Zahlen spielten. Kinder, welche das mathematische Spiel spielten, lernten dabei wesentlich schneller und mehr als die Vergleichskinder, die das Spiel mit Farben spielten [30].

Spielen zahlt sich langfristig aus II

In einer Reihe von verschiedenen Untersuchungen überprüften Siegler und Ramani, ob und unter welchen Bedingungen Würfelspiele einen Einfluss auf die mathematischen Fähigkeiten von Kindern ausüben, und zwar noch bevor die Kinder die Schule besuchten [30]. Für ihre Studien entwickelten sie ein Würfelspiel mit dem Namen „The Great Race". Dabei handelte es sich um ein ganz einfaches Brettspiel, bei dem die Zahlen von 1 bis 10 auf einzelnen Feldern zu sehen waren. Die fünfjährigen Kinder durften dann zwischen einer Hasen- und einer Bärenspielfigur auswählen und spielten das Spiel mit einem Würfel, auf dem nur Einsen und Zweien abgebildet waren.

Die Aufgabe der Kinder bestand darin, die Spielfiguren entsprechend der Würfelzahl fortzubewegen und während des Ziehens zusätzlich die Zahlen auf den Feldern zu benennen. Dieses Spiel spielten sie innerhalb von zwei Wochen insgesamt viermal gegen einen Versuchsleiter. Die gesamte Spieldauer betrug dabei etwa sechzig Minuten.

Bereits diese kurze Intervention verbesserte bei den teilnehmenden Kindern die Zifferkenntnis, die Zählfertigkeiten und die Fähigkeit zum Größenvergleich zwischen Zahlen deutlich. Das Training wirkte dabei sowohl bei den jüngsten Kindern mit etwa vier Jahren als auch bei den ältesten Kindern in der Studie mit etwa fünfeinhalb Jahren. Auch bei einer Folgeuntersuchung neun Wochen nach Abschluss des Trainings blieben die Erfolge des Spiels nachweisbar.

Dabei handelte es sich nicht allein um die normale Entwicklung mathematischer Fähigkeiten bei Kindern: Kinder, die in verschiedenen Kontrollgruppen das gleiche Spiel entweder mit Farben und Farbenwürfeln oder mit einem kreisrunden Spielbrett spielten, zeigten deutlich geringere Wissenszuwächse als die Kinder mit dem linearen Zahlenspiel.

Allerdings reicht das Spielen solcher Spiele alleine nicht immer unbedingt aus. Mathematisches Lernen junger Kinder gelingt vor allem dann, wenn Kinder zusätzlich auch angeleitet werden, das heißt, wenn sie Informationen und Erklärungen zu den mathematischen Inhalten erhalten. Außerdem lernen jüngere Kinder besser, wenn die gleichen Spiele öfter wiederholt werden. Es kommt also, wie stets, auch darauf an, Kindern wiederholte Lernmöglichkeiten zu bieten, die durch andere, erfahrenere Personen (z. B. durch Sie) unterstützt werden [9].

Dazu gehört beispielsweise, dass man dem Kind während des Spielens etwas erklärt [24]. So hilft es Ihrem Kind zum Beispiel sehr, wenn Sie bei einem Würfelspiel während Ihres Zuges nicht nur würfeln und Ihre Spielfigur stumm in Richtung Zielfeld voranziehen. Stattdessen können Sie gemeinsam mit Ihrem Kind die Punkte auf dem Würfel abzählen und danach die gleiche Anzahl mit der Spielfigur auf dem Spielplan Schritt für Schritt voranrücken. Mit diesem Vorgehen machen Sie Ihrem Kind verständlich, dass die Punkte auf dem Würfel direkt für die Anzahl der Schritte stehen, welche die Spielfigur voranschreiten darf. Genauso können Sie Ihr Kind darauf hinweisen, wenn in einem Spiel an irgendeiner Stelle Zahlen (z. B. auf Spielkarten) auftauchen, und diese zunächst selbst benennen und später von Ihrem Kind benennen lassen. Für Sie mag das vielleicht alles recht banal oder vielleicht sogar selbstverständlich erscheinen, aber für Ihr Kind können Ihre kurzen Erklärungen das mathematische Verständnis sehr stark unterstützen!

Bei Ihren Erklärungen sollten Sie beachten, wie viel Ihr Kind schon selbst kann und versteht und wo es vielleicht noch ein paar Schwierigkeiten hat. Das gleiche Spiel kann nämlich, abhängig vom Alter und Wissensstand des Kindes, entweder noch zu schwierig oder auch schon zu leicht sein, je nachdem, welches Wissen sich Ihr Kind bereits angeeignet hat. Passende mathematische Erklärungen sind sowohl bei Spielen als auch im Alltag sinnvoll, um Kinder dabei zu unterstützen, sich mathematisches Wissen anzueignen [vgl. 31].

Dieser Grundsatz gilt nicht alleine für jüngere Kinder im Kindergarten- und Vorschulalter. Selbst im Grundschulalter und darüber hinaus profitieren Kinder davon, wenn ihre Eltern sich mit ihnen über Mathematik unterhalten und wenn sie gemeinsam mathematische Aufgaben lösen – egal ob analog oder digital [32].

Gemeinsames Lernen ist doppelt erfolgreich

Berkowitz und ihre Kolleginnen und Kollegen führten im Jahr 2015 mit fast sechshundert Erstklässlerinnen und Erstklässlern sowie deren Eltern eine Studie durch, bei der einem Teil der Familien eine App mit kurzen mathematischen Sachaufgaben zur Verfügung gestellt wurde [32]. Die anderen Familien erhielten ebenfalls eine App mit Geschichten, bei der jedoch keine mathematischen Inhalte enthalten waren. Am Ende der Aufgaben und Geschichten wurden immer fünf Fragen mit unterschiedlicher Schwierigkeit gestellt, und die Eltern konnten mit ihren Kindern davon so viele bearbeiten, wie sie wollten.

Am Anfang der ersten Klasse – und damit noch bevor die Eltern die App erhielten – sowie am Ende der ersten Klasse, also nach einem langen Zeitraum der möglichen App-Nutzung, wurden die mathematischen Fähigkeiten der Kinder und deren Entwicklung untersucht. Gleichzeitig wurde die Nutzungshäufigkeit der App untersucht.

Es zeigte sich, dass die Kinder aus denjenigen Familien, welche die mathematische App regelmäßig und häufiger gemeinsam nutzten, deutlich mehr mathematisches Wissen erwarben als Kinder, deren Eltern die mathematische App kaum oder gar nicht nutzten. Auch beim Vergleich mit den Kindern, die die App ohne mathematische Inhalte erhalten hatten, zeigten sich diese Vorteile sehr deutlich. Ein spannendes weiteres Ergebnis war, dass insbesondere auch Kinder mehr lernten, deren Eltern sich selbst als mathematikängstlich einschätzten und eher ungern mit Mathematik beschäftigten.

Tipps zu mathematischen Spielen und Erklärungen durch die Eltern

Tipp 1
Spielen Sie mit Ihrem Kind ein Spiel mit mathematischem Inhalt. Dabei kann es sich um ein Kartenspiel mit Zahlsymbolen handeln (z.B. „Uno“) oder um ein Würfelspiel (z.B. „Mensch ärgere dich nicht“, „Leiterspiel“). Erklären Sie mathematische Inhalte während des Spiels (z.B. „Was habe ich gewürfelt? Da sind drei Punkte auf dem Würfel, 1, 2, 3. Deshalb gehe ich jetzt 1, 2, 3 Schritte mit meiner Spielfigur vor“ oder „Da liegt eine 8. Jetzt lege ich eine 8 in einer anderen Farbe, aber beide haben das gleiche Symbol, nämlich die 8“).

Tipp 2
Integrieren Sie Mathematik in die Lieblingsspiele Ihres Kindes. Wenn Ihr Kind gerne mit Autos spielt, zählen Sie die Anzahl der Räder pro Auto. Wie viele Räder haben zwei Autos, wie viele Räder hat ein LKW, wo sind mehr Räder? Spielt Ihr Kind lieber Rollenspiele oder mit Puppen? Dann überlegen Sie gemeinsam, wie viele Kissen Sie für den „Morgenkreis der Puppen“ oder wie viele Stifte Sie für die „Schüler“ benötigen.

Tipp 3
Nehmen Sie sich einen Würfel und mehrere Bausteine. Abwechselnd würfeln Ihr Kind und Sie. Dann zählen Sie die entsprechende Zahl an Bausteinen ab und bauen diese aufeinander. Wie hoch wird der Turm, bevor er einstürzt? Schaffen Sie beim nächsten Mal mehr oder weniger Bausteine?

Tipp 4
Nehmen Sie sich einen Würfel, zwei Schüsseln und jeweils zwanzig kleine Sachen (z.B. Legobausteine) für Ihr Kind und sich selbst. Abwechselnd würfeln Ihr Kind und Sie, und die jeweilige Anzahl an Sachen wird abgezählt und in die Schüssel gelegt. Wer hat zuerst alle Sachen in der eigenen Schüssel? Wie viele Sachen hat der oder die andere noch übrig?

2.5 Erstes Rechnen und Lehren durch die Eltern

Das Wichtigste in Kürze

Im Laufe der Schulzeit lernen Kinder nach und nach, richtig zu rechnen, Formen zu erkennen und zu beschreiben und Messungen durchzuführen. Aber wie bei der Ziffernkenntnis und beim Zählen in den vorherigen Kapiteln gilt auch in diesem Fall: Frühe Vorkenntnisse unterstützen das spätere Lernen Ihres Kindes und können problemlos im Kindergartenalter nebenbei erlernt werden [33]. Auch hierzu müssen Sie keine besonderen Qualifikationen als Lehrende mitbringen!

Erste einfache Rechenaufgaben lassen sich durchaus im Kindergartenalter lösen [28]. Hilfreich für Kinder ist es dabei, wenn die Aufgaben nicht zu abstrakt oder zu komplex sind. So ist es für Kinder einfacher, vier Äpfel in der Obstschale zu Hause und zwei neue Äpfel vom Einkauf zusammenzuzählen, um das richtige Ergebnis zu „berechnen", als gefragt zu werden, was das Ergebnis von 4 + 2 ist. Nutzen Sie also anfangs immer Aufgaben, die sich auf wirkliche Dinge in der Umgebung Ihres Kindes beziehen. Erst nach und nach können Sie dann auch Aufgaben ohne unmittelbaren Bezug auf Dinge und mit größeren Anzahlen und Zahlen stellen [vgl. 34].

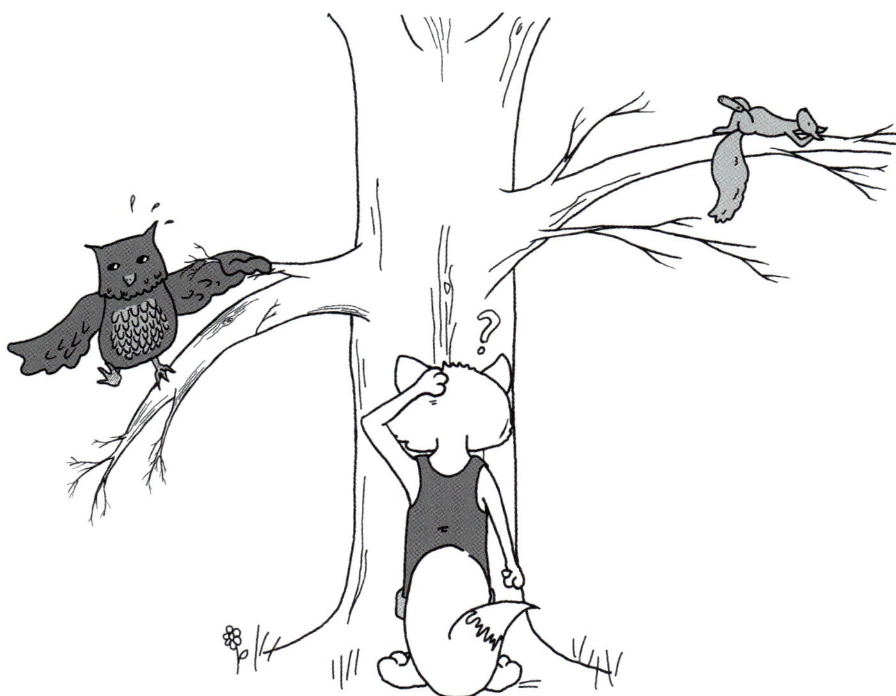

Abbildung 2-8: Wer wiegt mehr?

Wie stets hängt es auch hier von den individuellen, aktuellen Fähigkeiten Ihres Kindes ab, welche Aufgaben zu leicht, zu schwer oder eben gerade angemessen sind. Aber ganz unabhängig vom Können Ihres Kindes finden sich immer problemlos passende Aufgaben. So kann es sein, dass Ihr Kind zunächst lernen muss, dass „addieren" hinzunehmen bedeutet und damit, dass man von zwei Stofftieren zu drei Stofftieren kommt, wenn ein Stofftier dazugezählt wird. Genauso gut könnte es sein, dass Ihr Kind schon problemlos über den Zehnerübergang rechnen kann, ohne dafür irgendwelche Hilfsmittel zu benötigen.

Weitere wichtige Bereiche des mathematischen Wissens umfassen die Einschätzung von Zeiträumen („Wie viele Stunden bin ich jeden Tag im Kindergarten?"), das räumliche Denken („Auf dem Weg zum Kindergarten müssen wir eine kleine Straße und eine Brücke überqueren"), das Verständnis für Größen und Formen („Welche Länge haben diese Stifte und wie viele davon passen in das Federmäppchen?") und Erfahrungen mit Gewicht („Was ist schwerer - eine Eule oder ein Eichhörnchen?") [vgl. 35]. Im folgenden Abschnitt möchten wir näher auf die verschiedenen Bereiche des mathematischen Wissens eingehen und wie man auch hier Kinder beim Lernen ideal unterstützen kann.

Der wissenschaftliche Hintergrund

Bei vielfältigen Aktivitäten im Alltag begegnen den Kindern „Größen" und „Formen", wozu zum Beispiel Längen, aber auch Flächen oder die räumliche Ausdehnung von Formen („Volumen") gehören [35]. So können etwa Steine unterschiedlich groß sein, in Gläser und Flaschen unterschiedlicher Größe passen auch unterschiedliche Mengen an Wasser, Tische oder Spielteppiche haben unterschiedlich große (Ober-)Flächen, und es gibt kreisrunde Teller, aber eben auch Teller mit quadratischer oder rechteckiger Form.

Das RUNDE muss IN das ECKIGE

In einer Studie von Cohrssen und ihren Kolleginnen und Kollegen aus dem Jahr 2017 wurde vier- bis fünfjährigen Kindern im Rahmen eines Projekts, das im Kindergarten der Kinder stattfand, mathematisches Wissen beigebracht [35]. Das Besondere hierbei war, dass sich das eigentliche Projekt nicht mit Mathematik, sondern mit dem bevorstehenden Schulanfang der Kinder beschäftigte.

So sollten die Kinder während des Projekts beispielsweise ihre Schule oder den Weg von daheim zur Schule zeichnen, ihre Schule mit Bausteinen und anderen Materialien nachbauen und darstellen oder Schilder für ihre zukünftige Schule malen. Bei jeder dieser Tätigkeiten achteten die Erzieherinnen darauf, die Möglichkeiten für „mathematische Interaktionen und Begriffe" zu erkennen und zu nutzen.

So konnten beispielsweise viele verschiedene zwei- und dreidimensionale Formen (z. B. Rechteck, Dreieck, Kreis, Fünfeck bzw. Pyramide, Zylinder, Kugel, Würfel usw.) in den Zeichnungen und Bauwerken der Kinder entdeckt, benannt und diskutiert werden („Warum ist das ein Fünfeck?").
Auch räumliche Begriffe wurden verstärkt aufgegriffen, wenn die Bilder oder der Weg zur Schule mit den Kindern besprochen wurden (z. B. in, auf, über, unter, neben, zwischen, vor, hinter, näher, weiter weg, links, rechts etc.).
Wichtig war hierbei, dass die Erzieherinnen mathematische Sprache richtig verwendeten und diese dabei den Kindern nebenbei beibrachten (z. B. „Dein Schulweg führt also UNTER der Brücke und ZWISCHEN den beiden Bäumen hindurch" oder „Deine Schule hat also eine RECHTECKIGE Form, aber OBEN im ersten Stock KREISRUNDE Fenster?").
Auf solche Gelegenheiten können Sie auch bei Aktivitäten zu Hause achten.

Neben Formen und Lagemaßen wird aber auch Wissen und Erfahrungen zu Gewicht („Was ist schwerer – was ist leichter?"), zur Einschätzung von Zeiträumen („Wie viele Stunden bin ich jeden Tag im Kindergarten?") oder zum räumlichen Denken („Auf dem Weg zum Kindergarten müssen wir eine kleine Straße und eine Brücke überqueren") zu mathematischen Kompetenzen hinzugerechnet. Diese Begriffe und das Wissen, damit umzugehen, gehören in den mathematischen Bereich „Größen und Messen". Auch wenn Kindergartenkinder ganz sicher nichts über die Berechnungen von Flächen oder gar über Volumen wissen müssen, so hilft es ihnen doch, wenn sie verschiedene Begriffe wie „länger/kürzer", „schwerer/leichter", „Kreis", „Quadrat", „Rechteck", „Fläche", „Fassungsvermögen/Volumen" usw. kennen und sich vorstellen können, was damit gemeint ist [vgl. 36].

Wie bei allen Lernbereichen ist es hierbei sinnvoll, wenn Sie selbst solche Begriffe im täglichen Umgang mit Ihrem Kind verwenden und – wenn sich die Möglichkeit ergibt – auch darüber reden [37]. Wenn Kinder selbst über diese mathematischen Dinge sprechen, ist das sehr hilfreich für ihr eigenes Lernen. Das Sprechen über diese Begriffe erfordert nämlich von den Kindern, dass sie die passenden Worte und sprachlichen Wendungen benutzen und dass sie die mathematischen Objekte, Begriffe und Zusammenhänge beschreiben, die sie später beim mathematischen Lernen benötigen werden.

Messen aus Kindersicht

Amy MacDonald händigte in ihrer Studie Kindern im Alter von fünf bis sechs Jahren Digitalkameras aus, mit denen sie daheim beliebig viele Bilder zum Thema „Messen" machen sollten [37]. Diese Bilder wurden dann im Nachhinein in einem kindgerechten Interview gemeinsam mit ihnen besprochen. In diesen Gesprächen fragte die Forscherin die Kinder zum Beispiel „Warum hast du dieses Foto gemacht?" oder „Kannst du mir sagen, was hier gerade passiert/gemacht wird?".

Es zeigte sich, dass sich insbesondere beim Kochen viele Möglichkeiten ergeben, Dinge zu messen oder abzuwiegen und hierbei Kinder mit Messen und Maßeinheiten in Berührung zu bringen. Weitere Alltagsgelegenheiten ergeben sich, wann immer Vergleiche angestellt werden (z. B. „In welches Glas passt mehr?", „Hast du noch ein Auto, das genauso groß ist?", „Diese Puppe hat längere Arme als die andere Puppe"). Hilfreich zur Förderung mathematischen Wissens und Denkens ist es immer, direkt beim Kind nachzufragen, wenn es Aussagen zu mathematischen Inhalten macht (z. B. „Warum denkst du das bzw. woran kannst du das erkennen?").
Natürlich wird es dabei häufiger vorkommen, dass jüngere Kinder hier noch Fehler machen (z. B. erwähnte ein Kind in der Studie, dass die Eltern „sogar hundert Gramm Wasser ins Planschbecken füllen mussten, damit es voll war"). Das ist aber kein Problem, sondern es geht vielmehr darum, Kinder in diesem Alter grundsätzlich mit den Ideen von Messen und verschiedenen Größen und Maßeinheiten vertraut zu machen.

Wie die vorgestellten Studien zeigen, kommt es also gar nicht so sehr darauf an, dass junge Kinder alles richtig machen und zum Beispiel die richtigen Maßeinheiten verwenden. Vielmehr ist es wichtig, dass sie mit den entsprechenden Begriffen nach und nach vertraut werden und diese immer besser einordnen und selbst verwenden können.

Das Gleiche gilt im Übrigen auch für komplexere mathematische Vorgänge wie etwa das Teilen. Lassen Sie zum Beispiel Ihrem Kind den Vortritt, wenn das nächste Mal Essen (egal ob Apfelstücke oder Süßigkeiten) auf die Familienmitglieder oder unter Freunden verteilt werden sollen, und unterstützen Sie es dabei („Wir haben zwölf Apfelstücke. Wenn du jedem von uns immer eines nach dem anderen gibst, wie viele bekommen dann alle? Lass es uns gemeinsam versuchen!", „Hier sind fünf Bonbons – wenn du diese zwischen dir und mir aufteilst, wie viele Bonbons hat dann jeder? Stimmt, zwei – und einer bleibt übrig, aber den darfst du haben").

So bietet auch hier der Alltag Ihnen und Ihrem Kind viele Möglichkeiten, um ganz nebenbei mathematisches Wissen zu vermitteln und zu lernen. Allerdings haben verschiedene Studien auch gezeigt, dass das spielerische und alltägliche Mathematiklernen sicher ein guter Start ist, aber alleine nicht immer unbedingt ausreicht [38].

Spielen ist Silber, Erklären ist Gold

LeFevre und ihre Kolleginnen und Kollegen untersuchten je einhundert griechische und kanadische fünfjährige Kinder und die familiäre Lernumwelt, in der sie lebten, in einer internationalen Vergleichsstudie [38]. In beiden Stichproben zeigte sich, dass das direkte Einüben mathematischer Fähigkeiten, also zum Beispiel wie häufig Eltern ihren Kindern das Addieren beibrachten, direkt mit den mathematischen Leistungen der Kinder zusammenhing. Für indirekte Aktivitäten (z. B. das einfache Spielen von Würfelspielen) ließen sich diese Zusammenhänge in dieser Studie nicht bestätigen. Außerdem hing die Häufigkeit, mit der mathematisches Wissen eingeübt wurde, auch mit der Einstellung der Eltern zu schulischen Inhalten und Mathematik zusammen. Eltern mit einer positiveren Einstellung dazu waren auch diejenigen, die mehr mit ihren Kindern gemeinsam übten. Diese Studie liefert also Hinweise darauf, dass das reine mathematische Spielen unter Umständen nicht ausreicht, um Kinder in ihrer mathematischen Entwicklung zu unterstützen. Es scheint also teilweise auch nötig zu sein, Kindern während des Spielens etwas zu erklären (z.B. eben, dass 4 + 2 insgesamt 6 ergibt und dass man von der 4 zunächst mit einem mehr auf die 5 kommt, und wenn noch eines dazu genommen wird, die 6 erreicht wird, welche dann wiederum zusammengefasst für 6 einzelne Objekte stehen kann). Solche Erklärungen lassen sich natürlich bestens in Spiele mit mathematischem Kontext integrieren und sollten nicht vergessen werden. Das gilt insbesondere und eben auch dann, wenn Sie selbst mit Mathematik nicht viel anfangen können.

So gelingt mathematisches Lernen vor allem dann, wenn Kinder auch zusätzlich von Personen mit größerem Wissen (also z.B. von Ihnen) angeleitet werden, wenn sie mathematisches Faktenwissen wirklich aufeinander aufbauen können und wenn ihnen gezielt etwas beigebracht wird [22]. Damit ist auch klar, dass Sie als Eltern gefordert sind, denn am besten lernt Ihr Kind gemeinsam mit Ihnen, ganz egal, ob es bei Lernspielen am Tablet oder im Alltag beim Kochen, Einkaufen oder Spielen ist. Nehmen Sie sich die Zeit – es lohnt sich!

Tipps zum ersten Rechnen und Lehren durch die Eltern

Tipp 1
Erfinden Sie kleine Rechenaufgaben für Ihr Kind, zum Beispiel: „Als du heute in den Kindergarten gebracht wurdest, waren schon fünf Kinder aus deiner Gruppe da. Wie viele Kinder waren es dann mit dir zusammen? Wenn noch zwei weitere Kinder dazu kommen, wie viele Kinder sind es dann?“ oder „Wenn wir alle in der Familie etwas gemeinsam schneiden wollen und wir haben hier eine Schere – wie viele Scheren brauchen wir dann noch, damit alle eine haben?“.

Tipp 2
Ermutigen Sie Ihr Kind zu beschreiben, wie es bei mathematischen Aufgaben denkt und vorgeht: „Woher weißt du, dass du genügend Messer für das Abendessen geholt hast?“ „Woher weißt du, dass du genau sechs Bausteine für das Haus benutzt hast?“.

Tipp 3
Verwenden Sie kleinere Mengen beim Essen zum Zählen und Rechnen: „Schau mal, hier sind drei Nüsse. Lass sie uns noch mal gemeinsam abzählen: 1, 2, 3. Wenn ich jetzt eine davon esse, wie viele haben wir dann noch übrig?“ oder „Du hast zwei kleine Tomaten und ich habe zwei kleine Tomaten. Wie viele Tomaten haben wir denn zusammen?“.

Tipp 4
Teilen Sie Dinge (z.B. Süßigkeiten, Spielzeug) gleichmäßig zwischen sich und Ihrem Kind auf. Danach lassen Sie Ihr Kind diese Aufteilung mit Ihrer Hilfe noch einmal machen. Wenn Ihr Kind schon so weit ist, kann es das Aufteilen auch schon ganz ohne Hilfe und auf mehrere Personen versuchen.

2.6 Literatur

1. Sale, A., Schell, A., Koglin, U. & Hillenbrand, C. (2018). Einflussfaktoren mathematischer Kompetenzen vor Schuleintritt. *Empirische Sonderpädagogik, 10* (4), 370–387.
2. Butterworth, B. (2005). The development of arithmetical abilities. *Journal of Child Psychology and Psychiatry, 46* (1), 3–18. https://doi.org/10.1111/j.1469-7610.2004.00374.x
3. Wynn, K. (1990). Children's understanding of counting. *Cognition, 36*, 155–193. https://doi.org/10.1016/0010-0277(90)90003-3
4. Krajewski, K. & Schneider, W. (2009). Early development of quantity to number-word linkage as a precursor of mathematical school achievement and mathematical difficulties: Findings from a four-year longitudinal study. *Learning and Instruction, 19* (6), 513–526. https://doi.org/10.1016/j.learninstruc.2008.10.002
5. Niklas, F. & Schneider, W. (2017). Home learning environment and development of child competencies from kindergarten until the end of elementary school. *Contemporary Educational Psychology, 49*, 263–274. https://doi.org/10.1016/j.cedpsych.2017.03.006
6. Ceulemans, A., Baten, E., Loeys, T., Hoppenbrouwers, K., Titeca, D., Rousseau, S. & Desoete, A. (2017). The relative importance of parental numerical opportunities, prerequisite knowledge and parent involvement as predictors for early math achievement in young children. *Interdisciplinary Education and Psychology, 1* (1), 1–12. https://doi.org/10.31532/InterdiscipEducPsychol.1.1.006
7. Lukie, I.K., Skwarchuk, S.-L. LeFevre, J.-A. & Sowinski, C. (2014). The role of child interests and collaborative parent-child interactions in fostering numeracy and literacy development in Canadian homes. *Early Childhood Education Journal, 42* (4), 251–259. https://doi.org/10.1007/s10643-013-0604-7
8. LeFevre, J.-A., Skwarchuk, S.-L., Smith-Chant, B.L., Fast, L., Kamawar, D. & Bisanz, J. (2009). Home numeracy experiences and children's math performance in the early school years. *Canadian Journal of Behavioural Science, 41* (2), 55–66. https://doi.org/10.1037/a0014532
9. Vygotsky, L.S. (1978). *Mind in society: The development of higher psychological processes.* Cambridge, MA: Harvard University Press.
10. Niklas, F., Cohrssen, C. & Tayler, C. (2016). Parents supporting learning: a non-intensive intervention supporting literacy and numeracy in the home learning environment. *International Journal of Early Years Education, 24* (2), 121–142. https://doi.org/10.1080/09669760.2016.1155147
11. Vasilyeva, M., Laski, E., Veraksa, A., Weber, L. & Bukhalenkova, D. (2018). Distinct pathways from parental beliefs and practices to children's numeric skills. *Journal of Cognition and Development, 19* (4), 345–366. https://doi.org/10.1080/15248372.2018.1483371
12. Bandura, A. (1979). *Sozial-kognitive Lerntheorie*. Stuttgart: Klett-Cotta.
13. Eccles, J.S. (1993). School and family effects on the ontogeny of children's interests, self-perceptions, and activity choices. In J.E. Jacobs (Ed.), *Developmental perspectives on motivation. Nebraska Symposium on Motivation* (pp. 145–208). Lincoln, NE: University of Nebraska Press.

14. Gunderson, E.A. & Levine, S.C. (2011). Some types of parent number talk count more than others: Relations between parents' input and children's cardinal-number knowledge. *Developmental Science, 14* (5), 1021–1032. https://doi.org/10.1111/j.1467-7687.2011.01050.x
15. Elliott, L., Braham, E.J. & Libertus, M.E. (2017). Understanding sources of individual variability in parents' number talk with young children. *Journal of Experimental Child Psychology, 159,* 1–15. https://doi.org/10.1016/j.jecp.2017.01.011
16. Mix, K.S. & Cheng, Y.-L. (2012). The relation between space and math. Developmental and educational implications. *Advances in Child Development and Behavior, 42,* 197–243. https://doi.org/10.1016/B978-0-12-394388-0.00006-X
17. Geary, D.C., van Marle, K., Chu, F.W., Rouder, J., Hoard, M.K. & Nugent, L. (2018). Early conceptual understanding of cardinality predicts superior school-entry number system knowledge. *Psychological Science, 29* (2), 191–205. https://doi.org/10.1177/0956797617729817
18. Krajewski, K. & Schneider, W. (2006). Mathematische Vorläuferfertigkeiten im Vorschulalter und ihre Vorhersagekraft für die Mathematikleistungen bis zum Ende der Grundschulzeit. *Psychologie in Erziehung und Unterricht, 53,* 246–262.
19. Fuson, K.C. (1988). *Children's counting and concepts of number.* New York, NY: Springer. https://doi.org/10.1007/978-1-4612-3754-9
20. Gelman, R. & Gallistel, C.R. (1978). *The child's understanding of number.* Cambridge, MA: Harvard University Press.
21. Krajewski, K. (2008). *Vorschulische Förderung mathematischer Kompetenzen.* In F. Petermann & W. Schneider (Hrsg.), *Enzyklopädie der Psychologie, Reihe Entwicklungspsychologie* (Bd. Angewandte Entwicklungspsychologie, S. 275–304). Göttingen: Hogrefe.
22. Fuchs, L.S., Geary, D.C., Compton, D.L., Fuchs, D., Schatschneider, C., Hamlett, C.L., DeSelms, J., Seethaler, P.M., Wilson, J., Craddock, C.F., Bryant, J.D., Luther, K. & Changas, P. (2013). Effects of first-grade number knowledge tutoring with contrasting forms of practice. *Journal of Educational Psychology, 105* (1), 58–77.
23. Susperreguy, M.I., Di Lonardo Burr, S., Xu, C., Douglas, H. & LeFevre, J.-A. (2020). Children's home numeracy environment predicts growth of their early mathematical skills in kindergarten. *Child Development, 91* (5), 1663–1680. https://doi.org/10.1111/cdev.13353
24. Skwarchuk, S.-L. (2009). How do parents support pre-schoolers' numeracy learning experiences at home? *Early Childhood Education Journal, 37* (3), 189–197. https://doi.org/10.1007/s10643-009-0340-1
25. Skwarchuk, S.-L., Sowinski, C. & LeFevre, J.-A. (2014). Formal and informal home learning activities in relation to children's early numeracy and literacy skills: The development of a home numeracy model. *Journal of Experimental Child Psychology, 121,* 63–84. https://doi.org/10.1016/j.jecp.2013.11.006
26. Niklas, F., Cohrssen, C. & Tayler, C. (2016). Improving preschoolers' numerical abilities by enhancing the home numeracy environment. *Early Education and Development, 27* (3), 372–383. https://doi.org/10.1080/10409289.2015.1076676
27. Niklas, F., Annac, E. & Wirth, A. (2020). App-based learning for kindergarten children at home (Learning4Kids): study protocol for cohort 1 and the kindergarten assessments. *BMC Pediatrics, 20,* 554. https://doi.org/10.1186/s12887-020-02432-y
28. Niklas, F. & Schneider, W. (2014). Casting the die before the die is cast: The importance of the home numeracy environment for preschool children. *European Journal of Psychology of Education, 29* (3), 327–345. https://doi.org/10.1007/s10212-013-0201-6
29. Melhuish, E.C., Phan, M.B., Sylva, K., Sammons, P., Siraj-Blatchford, I. & Taggart, B. (2008). Effects of the home learning environment and preschool center experience upon literacy and

numeracy development in early primary school. *Journal of Social Issues, 64* (1), 95–114. https://doi.org/10.1111/j.1540-4560.2008.00550.x

30. Siegler, R. & Ramani, G. (2009). Playing linear number board games-but not circular ones-improves low-income pre-schoolers' numerical understanding. *Journal of Educational Psychology, 101* (1), 545–560. https://doi.org/10.1037/a0014239
31. Vandermaas-Peeler, M., Ferretti, L. & Loving, S. (2012). Playing the ladybug game: Parent guidance of young children's numeracy activities. *Early Child Development and Care, 182* (10), 1289–1307. https://doi.org/10.1080/03004430.2011.609617
32. Berkowitz, T., Schaeffer, M., Maloney, E., Peterson, L., Gregor, C., Levine, S. & Beilock, S. (2015). Math at home adds up to achievement in school. *Science, 350* (6257), 196–198.
33. Weißhaupt, S. & Peucker, S. (2009). Entwicklung arithmetischen Vorwissens. In A. Fritz, G. Ricken & S. Schmidt (Hrsg.), *Beltz Pädagogik. Handbuch Rechenschwäche: Lernwege, Schwierigkeiten und Hilfen bei Dyskalkulie* (2. Aufl., S. 52–76). Weinheim: Beltz.
34. Aebli, H. (1998). *Zwölf Grundformen des Lehrens. Eine allgemeine Didaktik auf psychologischer Grundlage* (10. Aufl.). Stuttgart: Klett-Cotta.
35. Cohrssen, C., de Quadros-Wander, B., Page, J. & Klarin, S. (2017). Between the big trees: A project-based approach to investigating shape and spatial thinking in a Kindergarten program. *Australasian Journal of Early Childhood, 42* (2), 94–104. https://doi.org/10.23965/AJEC.42.1.11
36. Zippert, E. L. & Rittle-Johnson, B. (2018). The home math environment: More than numeracy. *Early Childhood Research Quarterly, 50* (3). 1–12.
37. Macdonald, A. (2012). Young children's photographs of measurement in the home. *Early Years, 32* (1), 1–15. https://doi.org/10.1080/09575146.2011.608651
38. LeFevre, J., Fast, L., Skwarchuk, S., Smith-Chant, B., Bisanz, J., Kamawar, D. & Penner-Wilger, M. (2010). Pathways to mathematics: Longitudinal predictors of performance. *Child Development, 81* (6), 1753–1767. https://doi.org/10.1111/j.1467-8624.2010.01508.x

3
Kognitive Entwicklung

3.1 Konzentration und Aufmerksamkeit

Das Wichtigste in Kürze

Haben Sie Ihrem Kind schon einmal gesagt, dass es sich besser konzentrieren soll, während Sie gemeinsam etwas unternehmen? Haben Sie vielleicht sogar schon einmal an die Aufmerksamkeit Ihres Kindes appelliert, weil es selbst bei einer seiner Lieblingsaktivitäten immer wieder abgelenkt war? Solche Situationen zwischen Eltern und Kindern kommen häufig vor, denn Konzentration und Aufmerksamkeit funktionieren bei jungen Kindern und Erwachsenen noch sehr unterschiedlich. Im Vergleich zu Erwachsenen werden junge Kinder durch sensorische Reize in ihrer Umgebung deutlich leichter abgelenkt [1]. Beispiele für solche Ablenkungsreize sind etwa Hintergrundgeräusche durch einen laufenden Fernseher, die Musik im Radio oder auch einfach durch ein Spielzeug, das auf dem Boden liegt. Kinder können sich oft weder für eine längere Zeit auf eine einzelne Aufgabe konzentrieren noch auf mehrere Aufgaben gleichzeitig. Infolgedessen verlieren sie leicht das Interesse und den Fokus auf einer bestimmten Aktivität und suchen sich stattdessen schnell wieder eine neue Beschäftigung [2]. Mit steigendem Alter und den damit einhergehenden kognitiven Veränderungen können sich Kinder immer besser konzentrieren und auch Ablenkungen um sie herum besser ausblenden [3, 4].

Abbildung 3-1: Ohne Ablenkungen klappt das Konzentrieren schon ganz wunderbar

Was bedeutet es nun genau, konzentriert oder aufmerksam zu sein? Diese Frage ist gar nicht so einfach zu beantworten, denn Aufmerksamkeit ist keine einzelne Fähigkeit. Die verschiedenen Fähigkeiten, die Aufmerksamkeit ausmachen, sind unter anderem,

(a) die Aufmerksamkeit zwischen zwei Aktivitäten oder Ereignissen aufzuteilen;
(b) nur relevante Wahrnehmungseindrücke zu identifizieren und zu verarbeiten;
(c) irrelevante Informationen zu ignorieren und sich weiter auf die aktuelle Aktivität zu konzentrieren und
(d) auf eine einzige Aktivität zu fokussieren [5].

Etwas einfach ausgedrückt versteht man unter Aufmerksamkeit die Fähigkeit, sich selbst zu orientieren, seine Aufmerksamkeit auf etwas zu fokussieren und zwischen der Aufmerksamkeit auf verschiedene Aktivitäten, Objekten und Aufgaben wechseln zu können [6, 7]. Alle diese Fähigkeiten spielen eine wichtige Rolle dabei, wie Kinder sich verhalten und wie sie in unterschiedlichen Situationen reagieren, zudem sind sie die Voraussetzung für das kindliche Lernen und Problemlösen im Alltag. Deshalb ist es wichtig, Kinder bei der Entwicklung dieser Fähigkeiten zu unterstützen und ihnen angemessene Strategien an die Hand zu geben. Im Folgenden schauen wir uns deshalb die verschiedenen Fähigkeiten, welche Aufmerksamkeit ausmachen, noch etwas genauer an.

Der wissenschaftliche Hintergrund

Die Fähigkeit, die Aufmerksamkeit gleichzeitig auf zwei und mehrere Aktivitäten zu richten, wird als „geteilte Aufmerksamkeit" oder auch als „Multitasking" bezeichnet. Junge Kinder im Alter von drei bis vier Jahren haben normalerweise Schwierigkeiten damit, ihre Aufmerksamkeit gleichzeitig auf zwei und mehr Aktivitäten zu richten. Beispielsweise fällt es Kindern schwer, gleichzeitig eine motorische Aktivität auszuführen und auditive Reize zu verarbeiten [8]. Falls Ihr Kind Ihnen zum Beispiel nicht zuhört, während es neben Ihnen hergeht oder gerade ein Bild malt, kann das an seiner mangelnden geteilten Aufmerksamkeit liegen. Ab einem Alter von fünf Jahren zeigen sich zwar leichte Verbesserungen, dennoch sind Kinder im Schulalter und Erwachsene wesentlich besser darin, ihre Aufmerksamkeit auf verschiedene Aktivitäten aufzuteilen [9].

Um konzentriert bei einer Aktivität zu bleiben, müssen irrelevante Ereignisse und Dinge in der Umgebung ignoriert und ausgeblendet werden. Auch ist es wichtig, sich auf die laufende Aktivität zu fokussieren und sich die Ziele der Aufgabe bewusst zu machen. Die Fähigkeit, sich auf eine Sache zu konzentrieren, während man ablenkende Dinge in der Umgebung ignoriert, nennt sich „selektive Aufmerksamkeit".

Auch diese Art der Aufmerksamkeit beginnt sich bei Kindergartenkindern erst langsam zu entwickeln. Mit zunehmendem Alter lenken irrelevante Aufgaben oder Dinge Kinder immer weniger ab, da sie ihre Fähigkeit, sich selbst und ihre Gedächtnisfähigkeit (Arbeitsgedächtnis) zu kontrollieren, verbessern. Beispielsweise sind ältere Kinder viel effizienter darin, ablenkende visuelle Elemente in der Umgebung, wie etwa einen im Hintergrund laufenden Fernseher, zu ignorieren und mit ihren Lernaktivitäten fortzufahren [10]. Für junge Kinder hingegen ist es noch besonders schwierig, Hintergrundgeräusche durch einen Fernseher oder andere Kinder zu ignorieren und sich auf ein vorgegebenes Zielgeräusch zu konzentrieren [11].

Selektive Aufmerksamkeit und die Wahrnehmung von Geräuschen

Im Alltag ist es äußerst wichtig, Geräusche wie die von vorbeifahrenden Autos oder anderen Menschen wahrzunehmen, um riskante Situationen zu vermeiden. Wenn allerdings im Hintergrund vielfältige unvorhersehbare Geräusche zu hören sind, nimmt die Fähigkeit von Vorschulkindern ab, relevante Geräusche zu identifizieren (Fähigkeit der selektiven Aufmerksamkeit). Das kann gefährlich für junge Kinder im Alltag sein. Daher untersuchten die drei Forschenden Jones, Moore und Amitay im Jahr 2015, weshalb es Kindern so schwerfällt, Geräusche wahrzunehmen, wenn unvorhersehbare Geräusche im Hintergrund zu hören sind [11]. Dafür nutzten sie eine Aufgabe zur Geräuscherkennung, bei der die Kinder ein Zielgeräusch unter kontrastierten Geräuschen unterschiedlicher Frequenzebenen erkennen sollten. Die Ergebnisse der Studie zeigten, dass junge Kinder aufgrund ihrer geringen Aufmerksamkeitsfähigkeiten Probleme damit haben, Hintergrundgeräusche auszublenden, vor allem dann, wenn die Tonfrequenzen nahe beieinander liegen – mit anderen Worten, wenn ähnliche Geräusche im Hintergrund zu hören sind. Kinder haben somit häufig Schwierigkeiten, eine Stimme herauszufiltern und sich darauf zu konzentrieren, etwa die Stimme der Erzieherin im Kindergarten, wenn dort viele andere Kinder im Hintergrund zu hören sind.

Kinder können sich für einige Minuten auf eine Aktivität konzentrieren, ohne durch andere Ereignisse und Dinge in ihrer Umgebung abgelenkt zu werden. Sich für längere Zeit auf eine Aufgabe zu konzentrieren nennt man „fokussierte Aufmerksamkeit". In einer Studie fanden Fisher und ihre Kolleginnen und Kollegen heraus, dass die Umgebung eine bedeutende Rolle für die fokussierte Aufmerksamkeit von Kindergartenkindern spielt [12]. Sie verglichen die fokussierte Aufmerksamkeit und das Lernen der Kinder in stark dekorierten Klassenzimmern mit dem von Kindern in gering dekorierten Klassenzimmern.

Weniger ist mehr: So leicht lässt sich die fokussierte Aufmerksamkeit unterstützen

Wenn man sich leicht ablenken lässt, ist es schwierig, neue Informationen zu verarbeiten. Fokussierte Aufmerksamkeit ist daher essenziell, um zu lernen. Fisher, Godwin und Seltman waren interessiert daran, wodurch die Aufmerksamkeit junger Kinder in der Vorschule abgelenkt wird, und untersuchten daher die Auswirkungen visueller, also sichtbarer, Elemente im Umfeld der Kinder [12]. Zu diesem Zweck verwandelten sie ihr Labor in ein Vorschulklassenzimmer: In der Bedingung des „dekorierten Klassenzimmers" möblierten und dekorierten sie den Raum mit vielen visuellen Materialien und präsentierten den Kindern bunte Materialien wie etwa Kinderbilder, Landkarten oder Lernposter. In der Bedingung des „spärlichen Klassenzimmers" wurden alle unnötigen visuellen Elemente aus dem Raum entfernt. Die Kinder nahmen in den Räumen an sechs Schulstunden über zwei Wochen hinweg teil.
Fisher, Godwin und Seltman beobachteten, dass die Kinder in der Bedingung des dekorierten Raumes in hohem Maße von den äußerlichen visuellen Elementen abgelenkt wurden. In der spärlichen Bedingung wurden die Kinder mit größerer Wahrscheinlichkeit von den Gleichaltrigen abgelenkt. Schlussendlich waren die Lernergebnisse der Kinder in der Bedingung des spärlich dekorierten Raums höher als die der Kinder, die in dem stark dekorierten Raum gelernt hatten. Weniger visuelle Ablenkungsreize unterstützen Kinder somit dabei, ihre Aufmerksamkeit zu fokussieren und besser zu lernen!

Welche Möglichkeiten gibt es darüber hinaus, die Aufmerksamkeit von Kindern für eine Aufgabe zu erhöhen und den Einfluss einer ablenkenden Umgebung zu verringern? Hilft dabei das eingangs erwähnte Verhalten, Kinder immer wieder aufzufordern, sich auf eine Aktivität zu konzentrieren? Tatsächlich zeigte eine Studie aus den USA, dass sich die Aufmerksamkeit von Kindern durch einfache Anweisungen verbessern ließ [13]. Sehr häufige verbale Anweisungen waren sogar höchst effektiv zur Erhöhung der kindlichen Aufmerksamkeit auf eine Aktivität und führten dazu, dass die Kinder sich weniger ablenken ließen.

Konzentration! Wie können Sie Ihr Kind dabei unterstützen, bei einer Aktivität zu bleiben?

Kinder sind anfällig für jegliche Art von Ablenkung. Kannass, Colombo und Wyss aus den USA suchten nach Wegen, um die kindliche Aufmerksamkeit und Konzentration zu verbessern [13].
Die Forschenden stellten Kinder verschiedene Spiele zur Verfügung, zum Beispiel Lego, Puzzles, Paar- und Malspiele. Die Kinder durften sich mit den Spielen beschäftigten, während einmal im Hintergrund ein Fernseher seh- und hörbar lief und einmal nicht. Zudem gab es drei Gruppen an Kindern: Einige Kinder bekamen einmal eine Anweisung, in der sie gebeten wurden, während des Spielens nicht auf den Fernseher zu schauen, einige Kinder bekamen diese Anweisung dreimal, und einige Kinder bekamen gar keine Anweisungen.

Die Ergebnisse zeigten, dass eine hör- und sichtbare Geschichte auf dem Fernseher die Aufmerksamkeit auf den Distraktor, also den Fernseher, erhöhte. Die häufigen Anweisungen ermutigten das Kind, bei der Aufgabe zu bleiben, und stellten sich als am effektivsten heraus, um die kindliche Aufmerksamkeit auf die Spiele zu erhöhen und ihre Aufmerksamkeit auf den Fernseher zu verringern. Die Anweisungen zahlten sich also aus!

Tipps zu Konzentration und Aufmerksamkeit

Tipp 1

Probieren Sie doch einmal gezielt Lernaktivitäten aus, welche die Aufmerksamkeit Ihres Kindes erhöhen. Sie können mit Ihrem Kind beispielsweise zu Hause Gegenstände suchen und es dann bitten, diese dann anhand ihrer Farben und Formen zu ordnen. Ein schwarzer und runder Gegenstand könnte beispielsweise die Schöpfkelle aus der Küche sein und ein blauer eckiger Gegenstand die Vase aus dem Wohnzimmer.

Hierbei muss Ihr Kind sich konzentrieren, um die Eigenschaften der Gegenstände zu identifizieren und sie richtig zuzuordnen. Das gleiche Spiel können Sie auch draußen spielen und dafür Dinge aus der Natur wie Steine, Pflanzen oder Blumen verwenden.

Tipp 2

Bei Puzzles müssen Bildteile mit verschiedenen Kanten und Ecken richtig zusammengesetzt werden, um ein vollständiges Bild zu ergeben. Puzzles sind dabei sehr förderlich für die Konzentration und Aufmerksamkeit Ihres Kindes! Je nach Anzahl und Form der einzelnen Teile unterscheidet sich die Schwierigkeit von Puzzles sehr stark – fangen Sie einfach einmal an und steigern Sie dann langsam das Puzzleniveau.

Tipp 3

Falls Ihr Kind abgelenkt ist und Sie nicht hört oder versteht, wiederholen Sie einfach das, was sie gesagt haben, während Sie Augenkontakt mit Ihrem Kind herstellen oder es berühren, um seine Aufmerksamkeit auf sich zu lenken. Verwenden Sie außerdem leicht verständliche Sätze. Wenn Sie ein Spiel spielen oder eine Aufgabe zusammen machen, ermuntern Sie ihr Kind immer wieder dazu, sich auf die Tätigkeit zu konzentrieren.

Tipp 4

Versuchen Sie, während der Lernaktivitäten zu Hause mögliche Ablenkungen zu reduzieren. Schalten sie beispielsweise den Fernseher oder das Radio aus, während sie Lernspiele mit Ihrem Kind spielen und miteinander reden. Verringern oder beseitigen Sie alle Ablenkungen in Ihrer Umgebung, welche die Aufmerksamkeit und Konzentration Ihres Kindes beeinflussen könnten.

3.2 Gedächtnis und logisches Denken

Das Wichtigste in Kürze

Eltern können bei ihren Kindern über die Jahre hinweg eine große Entwicklung ihrer kognitiven Fähigkeiten beobachten. Sie können erleben, wie Ihr Kind sich neue geistige Fähigkeiten aneignet, wie etwa das Lösen von Problemen, das Herstellen von Ursache-Wirkung-Zusammenhängen und das bessere und detailliertere Erinnern an Ereignisse aus der Vergangenheit [14, 15, 16, 17].

Hier finden Sie einige Beispiele aus diesen Bereichen:

- Problemlösen: verschiedene Techniken ausprobieren, um den Reißverschluss einer Jacke zu schließen, und falls es nicht funktioniert, Mama oder Papa bitten, es zu tun;
- Ursache und Wirkung: einen Zusammenhang zwischen zwei Ereignissen oder Handlungen herstellen, zum Beispiel: „Wenn ich diesen Apfel mit meiner Schleuder treffe, wird er auf den Boden fallen";
- Gedächtnis: detaillierte Erinnerungen an vergangene Ereignisse wie Geburtstagsfeiern, wichtige Jahrestage, den Namen eines leckeren Gerichts, das wir gegessen haben, und unseren Arzttermin nächste Woche.

Abbildung 3-2: Ursache und Wirkung: Was wird mit dem Apfel passieren?

Die Fähigkeiten, die für diese Vorgänge benötigt werden, sind unter anderem das logische Denken und die verschiedenen Gedächtnissysteme, über welche wir im Folgenden ausführlicher sprechen werden [18, 19].

Als Eltern wundern Sie sich sicher manchmal über das Denken und die Argumentation Ihres Kindes. Dies liegt häufig daran, dass die Urteile von Vorschulkindern auf ihren Beobachtungen beruhen und sie ihr logisches Denken erst mit der Zeit entwickeln [20]. Da die Gehirne von Kindern noch reifen, funktioniert auch ihr Gedächtnis ein wenig anders als das von Erwachsenen. Für Kinder ist es schwieriger als für Erwachsene, all die Informationen zu verarbeiten, die sie permanent erhalten. Gleichzeitig finden jedoch große Entwicklungsfortschritte statt, und insbesondere zwischen dem fünften und dem fünfzehnten Lebensjahr zeigen Kinder deutliche Verbesserungen ihrer Gedächtnisfähigkeiten. Erst ab einem Alter von fünfzehn Jahren besteht kein großer Unterschied mehr zwischen den Gedächtnisfähigkeiten von Jugendlichen und Erwachsenen [21, 22, 23].

Der wissenschaftliche Hintergrund

Die psychologische Forschung legt nahe, dass wir Informationen in unterschiedlichen Gedächtnissystemen speichern. Um zu verstehen, wie das Gedächtnis von Kindern funktioniert, beschreiben wir hier kurz diese unterschiedlichen Gedächtnissysteme [24, 25, 26, 27].

Kurzzeitgedächtnis: Das Kurzzeitgedächtnis ist ein temporäres Speichersystem für aktuelle Ereignisse. Wenn wir zum Beispiel eine Telefonnummer im Gedächtnis behalten möchten, bis wir sie aufschreiben können, wird diese Information im Kurzzeitgedächtnis gespeichert.

Arbeitsgedächtnis: Das Arbeitsgedächtnis ist ein Informationsspeichersystem, in welchem Informationen sehr kurz, aber aktiv im Gedächtnis behalten werden. Zum Beispiel hilft uns unser Arbeitsgedächtnis, während wir rechnen, indem wir bei einzelnen Rechenschritten die Zahlen im Gedächtnis behalten.

Langzeitgedächtnis: Das Langzeitgedächtnis ist ein Gedächtnisspeichersystem, in dem Informationen über einen sehr langen Zeitraum gespeichert werden (z. B. Stunden, Tage, Monate, Jahre oder sogar ein Leben lang). Insbesondere Informationen von persönlicher Relevanz und Informationen, die mit Emotionen verbunden sind, können hier sehr lange behalten werden, beispielsweise unsere vollständige Heimatadresse.

Die Entwicklung unserer Gedächtnissysteme

Gathercole beschrieb 1998 die Entwicklung der Gedächtnissysteme [28]. Während der frühen Kindheit nimmt die Fähigkeit von Kindern zu, Informationen im Kurzzeit- und Arbeitsgedächtnis zu speichern. Darüber hinaus können Gedächtnistrainings oder häufig gespielte Gedächtnisspiele Kindern helfen, ihr Gedächtnis effizienter zu nutzen. Im Kindergartenalter sind Kinder bereits in der Lage, sich Memorykarten und Bausteine anhand ihres verschiedenen Aussehens zu merken. Kinder im Vorschulalter können sich durchschnittlich vier Bausteine mit unterschiedlichem Muster merken, während Elfjährige oder Erwachsene sich bis zu vierzehn Bausteine merken können. Die Gedächtnisentwicklung zwischen fünf und elf Jahren zeigt also einen kontinuierlichen und steilen Anstieg!

In der frühen Kindheit nimmt auch die Speicherfähigkeit des Langzeitgedächtnisses von Kindern rasch zu. Die Qualität von autobiografischen Informationen (z. B. die Erinnerung an ein persönliches Ereignis oder erstmaliges Erlebnis) hängt von der Art der Information, der persönlichen Beteiligung und dem mit dieser Erinnerung verbundenen emotionalen Erleben ab. So erinnern sich Kinder beispielsweise länger an negative Ereignisse wie eine Naturkatastrophe, wenn sie in dieser Situation persönlich betroffen waren und emotionale Erfahrungen damit verbunden sind. Gathercole weist darauf hin, dass dem Langzeitgedächtnis von Kleinkindern in Labortests meist Details und logische Zusammenhänge fehlen. Im Gegensatz dazu berichteten die Eltern der getesteten Kinder von detaillierten Erinnerungen ihrer Kinder. Es scheint also, dass sich Kinder zuverlässiger und detaillierter an Informationen erinnern, wenn eine ihnen nahestehende Person ihnen bei den Erinnerungsversuchen zur Seite steht.

Übrigens: Die meisten Kinder und später auch Erwachsene können sich kaum an Erlebnisse während ihrer ersten Lebensjahre erinnern. Das ist tatsächlich ganz normal! In einer interessanten Studie wurden genau diese frühkindlichen Erinnerungen untersucht, und es zeigte sich, dass die frühesten bedeutungsvollen Erinnerungen im Alter von etwa zwei Jahren auftreten, wenn auch nur ganz vereinzelt. Selbst für das Alter zwischen drei und fünf Jahren sind nur wenige Erinnerungen im Erwachsenenalter noch abrufbar [29].

Welche Erinnerungen an unsere ersten Lebensjahre bleiben bestehen?

Usher und Neisser interessierten sich dafür, an wie viel von ihrer frühen Kindheit Erwachsene sich noch erinnern können – und woran [29]! Sie baten Studierende, sich an Erlebnisse aus ihrer frühen Kindheit zu erinnern, zum Beispiel an die Geburt eines jüngeren Geschwisterkindes, einen Krankenhausaufenthalt, einen Umzug der Familie oder den Verlust einer Person in ihrem nahen Umfeld. Den Studierenden wurden allgemeine Einleitungsfragen gestellt wie „Was hatten Sie an, als ...“ (das Erlebnis geschah), oder „Erinnern Sie sich an Ihre emotionale Reaktion auf ... (was Sie erlebten), wie war sie?“, gefolgt von spezifischeren Fragen zum Ereignis.

Die Ergebnisse zeigten, dass Erinnerungen an Ereignisse aus der frühen Kindheit tatsächlich noch abgerufen werden konnten. Allerdings wurden nicht alle Arten von Erlebnissen gleich gut erinnert: An bestimmte Ereignisse wie die Geburt eines kleinen Geschwisterkindes oder einen Krankenhausaufenthalt in der frühen Kindheit (sogar schon im Alter von zwei Jahren) konnten sich die Versuchspersonen noch im Erwachsenenalter erinnern. Andere Ereignisse wie ein Umzug der Familie oder der Verlust einer Person in der frühen Kindheit konnten im Erwachsenenalter nicht mehr abgerufen werden. Ganz generell zeigte sich, dass selbst im Alter von drei bis fünf Jahren nur eine geringe Anzahl von Erinnerungen bis ins Erwachsenenalter behalten wurde.

Neben dem Gedächtnis entwickelt sich auch das logische Denken in der frühen Kindheit kontinuierlich weiter. Logisches Denken kann definiert werden als das Durchführen geistiger (kognitiver) Denkoperationen, um Probleme zu lösen, Verbindungen zwischen Handlungen und ihren Wirkungen herzustellen und Schlussfolgerungen zu ziehen; mit anderen Worten: zu verstehen, dass eine Aktion eine direkte Folge einer anderen sein kann. Wichtige Methoden des logischen Denkens sind das Beobachten, das Analysieren oder auch das Ausprobieren („Versuch und Irrtum“ oder „trial and error“). Zunächst bezieht sich das logische Denken von Kleinkindern auf Beobachtungen in ihrer Umwelt. Kinder benutzen diese Beobachtungen für ihre Argumentationen, bis sie beginnen, logische Verbindungen zwischen Ereignissen und Handlungen zu erkennen. Hierbei regt das Lernen durch Ausprobieren das Denken der Kinder an und ist eine der besten Methoden, um die Fähigkeiten zum logischen Denken zu verbessern. Sorgfältig geplante Aktivitäten, die das Lernen über Versuch und Irrtum fördern, spielen daher eine wichtige Rolle für die Förderung des logischen Denkens von Kindern in ihren frühen Jahren [30].

Aus Fehlern wird man klug: Logisches Denken durch Versuch und Irrtum fördern

Poole, Miller und Church beschrieben 2006 was getan werden kann, um die Neugier von Kindern zu steigern und logisches Denken zu fördern [30]. Sie schlagen vor, Spiele und Aktivitäten zu planen, welche gezielt das Lernen über Versuch und Irrtum fördern, beispielsweise indem man:

1) Kinder Experimente durchführen lässt, zum Beispiel das Befüllen von Behältern unterschiedlicher Größe mit Wasser, Sand oder Buntstiften, und sie dann den Inhalt immer wieder umfüllen lässt;
2) ihnen praktische Erfahrungen ermöglicht, um den Unterschied zwischen Abstraktem und Konkretem zu erkennen, zum Beispiel zwischen ihrer abstrakten Zeichnung eines Objekts und dem Objekt selbst in der realen Welt;
3) sie ermutigt, Vorhersagen über den Ausgang eines Ereignisses auf der Grundlage früherer Ereignisse oder Situationen zu machen.

Das Lernen durch Ausprobieren bestimmt einen Großteil der kindlichen Problemlösefähigkeiten: Durch Versuch und Irrtum beim Spielen, unterstützt von Erwachsenen sowie Freundinnen und Freunden, sind Vorschulkinder sogar bereits in der Lage, sich mit komplexen logischen Denkoperationen des Problemlösens, zum Beispiel mit algorithmischem Denken, zu beschäftigen [31]! Damit gilt nicht nur für Ihr Kind, sondern auch für Sie: Probieren Sie es doch einfach mal gemeinsam aus!

Tipps zu Gedächtnis und logischem Denken

Tipp 1

Unterstützen Sie die Gedächtnisentwicklung Ihres Kindes:
Ermutigen Sie Ihr Kind, sich Informationen im Kopf zu behalten. Geben Sie ihm zum Beispiel beim Schreiben der Einkaufsliste die Aufgabe, sich zwei oder drei der Produkte zu merken, bis Sie einkaufen gehen. Wenn Sie im Lebensmittelgeschäft sind, fragen Sie Ihr Kind, an welche Produkte es sich erinnern kann. Nach einiger Zeit können Sie versuchen, das Gedächtnis Ihres Kindes noch mehr herauszufordern und die Anzahl der Produkte immer weiter zu steigern!

Tipp 2

Stellen Sie Fragen und regen Sie die Neugier Ihres Kindes an:
Neugier fängt zu Hause an und hilft Kindern dabei, nachzudenken und zu versuchen, ihre Umwelt zu verstehen und Schlussfolgerungen darüber anzustellen. Sie können zum Beispiel Ihrem Kind offene Fragen stellen, anstatt Fragen, die Ja- oder Nein-Antworten erfordern. Wenn Sie zum Beispiel in einem Park spazieren gehen, können Sie Fragen stellen wie „Was glaubst du, wie Pflanzen wachsen?“, „Schau mal, was macht denn diese Ameise hier?“.

Tipp 3

Memoryspiele machen nicht nur Spaß, sondern trainieren auch das Gedächtnis, Konzentration und Aufmerksamkeit. Memoryspiele beginnen mit einem umgedrehten Kartenset. Das ganze Set besteht aus Paarkarten (z.B. zwei Bilder mit Hasen). Während des Spiels werden die Karten nun einzeln aufgedeckt, um die zusammengehörigen Karten zu finden, so lange, bis alle Paare gefunden sind. Hierbei müssen sich Kinder konzentrieren, Bilder erkennen und sich die Paare merken. Dieses Spiel gibt es in vielen unterschiedlichen Schwierigkeitsstufen, je nach Anzahl und Ähnlichkeit der Spielkarten – Sie können also einfach klein anfangen und sich mit der Zeit steigern!

Tipp 4

Ermutigen Sie Ihr Kind dazu, Verbindungen zwischen Ursache und Wirkung herzustellen:
Sie können Ihr Kind dabei unterstützen, Verbindungen zwischen Ereignissen (oder Handlungen) und deren Folgen herzustellen und dabei entsprechende Schlussfolgerungen zu ziehen. Sie können zum Beispiel Fragen stellen wie: „Wenn wir den Eiscremebehälter außerhalb des Kühlschranks stehen lassen, was passiert dann mit der Eiscreme?“ oder „Wenn wir diesen Ast ins Wasser werfen, was passiert dann?“

3.3 Literatur

1. Açık, A., Sarwary, A., Schultze-Kraft, R., Onat, S. & König, P. (2010). Developmental changes in natural viewing behavior: bottom-up and top-down differences between children, young adults and older adults. *Frontiers in Psychology, 1*, 207. https://doi.org/10.3389/fpsyg.2010.00207
2. Akshoomoff, N. (2002). Selective attention and active engagement in young children. *Developmental Neuropsychology, 22* (3), 625–642. https://doi.org/10.1207/S15326942DN2203_4
3. Berwid, O.G., Curko Kera, E.A., Marks, D.J., Santra, A., Bender, H.A. & Halperin, J.M. (2005). Sustained attention and response inhibition in young children at risk for Attention Deficit/Hyperactivity Disorder. *Journal of Child Psychology and Psychiatry, 46* (11), 1219–1229. https://doi.org/10.1111/j.1469-7610.2005.00417.x
4. Diamond, A. (2002). Normal development of prefrontal cortex from birth to young adulthood: Cognitive functions, anatomy, and biochemistry. In D.T. Stuss & R.T. Knight (Eds.), *Principles of frontal lobe function* (pp. 466 -503). London, UK: Oxford University Press. https://doi.org/10.1093/acprof:oso/9780195134971.003.0029
5. Lally, M. and Valentine-French, S. (2019). *Lifespan Development: A psychological perspective* (2nd ed.). College of Lake County Foundation Business and Social Sciences Division, San Francisco, USA, Creative Commons.
6. Annac, E., Manginelli, A.A., Pollmann, S., Shi, Z., Müller, H.J. & Geyer, T. (2013). Memory under pressure: Secondary-task effects on contextual cueing of visual search. *Journal of Vision, 13* (13), 6. https://doi.org/10.1167/13.13.6
7. Annac, E., Zang, X., Müller, H.J. & Geyer, T. (2019). A secondary task is not always costly: Context-based guidance of visual search survives interference from a demanding working memory task. *British Journal of Psychology, 110* (2), 381–399. https://doi.org/10.1111/bjop.12346
8. Cherng, R.J., Liang, L.Y., Hwang, S. & Chen, J.Y. (2007). The effect of a concurrent task on the walking performance of preschool children. *Gait & Posture, 26* (2), 231–237. https://doi.org/10.1016/j.gaitpost.2006.09.004
9. Guttentag, R.E. (1989). Age differences in dual-task performance: Procedures, assumptions, and results. *Developmental Review, 9*, 146–170. https://doi.org/10.1016/0273-2297(89)90027-0
10. Bjorklund, D.F. & Harnishfeger, K.K. (1990). The resources construct in cognitive development: Diverse sources of evidence and a theory of inefficient inhibition. *Developmental Review, 10* (1), 48–71. https://doi.org/10.1016/0273-2297(90)90004-N
11. Jones, P.R., Moore, D.R. & Amitay, S. (2015). Development of auditory selective attention: Why children struggle to hear in noisy environments. *Developmental Psychology, 51* (3), 353–369. https://doi.org/10.1037/a0038570
12. Fisher, A.V., Godwin, K.E. & Seltman, H. (2014). Visual environment, attention allocation, and learning in young children: When too much of a good thing may be bad. *Psychological Science, 25* (7), 1–9. https://doi.org/10.1177/0956797614533801
13. Kannass, K.N., Colombo, J. & Wyss, N. (2010). Now, pay attention! The effects of instruction on children's attention. *Journal of Cognition and Development, 11* (4), 509–532. https://doi.org/10.1080/15248372.2010.516418
14. Klahr, D. & Robinson, M. (1981). Formal assessment of problem-solving and planning processes in preschool children. *Cognitive Psychology, 13* (1), 113–148. https://doi.org/10.1016/0010-0285(81)90006-2
15. Bullock, M. (1985). Causal reasoning and developmental change over the preschool years. *Human Development, 28*, 169–191 https://doi.org/10.1159/000272959
16. Oakes, L.M. (1994). Development of infants' use of continuity cues in their perception of causality. *Developmental Psychology, 30* (6), 869–879. https://doi.org/10.1037/0012-1649.30.6.869

17. Nelson, K. (1993). The psychological and social origins of autobiographical memory. *Psychological Science, 4* (1), 7–14. https://doi.org/10.1111/j.1467-9280.1993.tb00548.x
18. Handley, S.J., Capon, A., Beveridge, M., Dennis, I. & Evans, J.S. B. (2004). Working memory, inhibitory control and the development of children's reasoning. *Thinking & Reasoning, 10* (2), 175–195. https://doi.org/10.1080/13546780442000051
19. Hawkins, J., Pea, R.D., Glick, J. & Scribner, S. (1984). „Merds that laugh don't like mushrooms": Evidence for deductive reasoning by preschoolers. *Developmental Psychology, 20* (4), 584. https://doi.org/10.1037/0012-1649.20.4.584
20. Piekny, J., & Maehler, C. (2012). Scientific reasoning in early and middle childhood: The development of domain-general evidence evaluation, experimentation, and hypothesis generation skills. *British Journal of Developmental Psychology, 31* (2), 153–179. https://doi.org/10.1111/j.2044-835X.2012.02082.x
21. Vogan, V.M., Morgan, B.R., Powell, T.L., Smith, M.L. & Taylor, M.J. (2016). The neurodevelopmental differences of increasing verbal working memory demand in children and adults. *Developmental Cognitive Neuroscience, 17,* 19–27. https://doi.org/10.1016/j.dcn.2015.10.008
22. Thomason, M.E., Race, E., Burrows, B., Whitfield-Gabrieli, S., Glover, G.H. & Gabrieli, J.D. (2009). Development of spatial and verbal working memory capacity in the human brain. *Journal of Cognitive Neuroscience, 21* (2), 316–332. https://doi.org/10.1162/jocn.2008.21028
23. Shing, Y.L. & Lindenberger, U. (2011). The development of episodic memory: Lifespan lessons. *Child Development Perspectives, 5* (2), 148–155. https://doi.org/10.1111/j.1750-8606.2011.00170.x
24. Squire, L.R. & Zola, S.M. (1996). Structure and function of declarative and nondeclarative memory systems. *Proceedings of the National Academy of Sciences, 93* (24), 13515–13522. https://doi.org/10.1073/pnas.93.24.13515
25. Henke, K. (2010). A model for memory systems based on processing modes rather than consciousness. *Nature Reviews Neuroscience, 11* (7), 523–532. https://doi.org/10.1038/nrn2850
26. Hassin, R.R., Bargh, J.A., Engell, A.D. & McCulloch, K.C. (2009). Implicit working memory. *Consciousness and Cognition: An International Journal, 18* (3), 665–678. https://doi.org/10.1016/j.concog.2009.04.003
27. Baddeley, A. (2010). Working memory. *Current biology, 20* (4), 136–140. https://doi.org/10.1016/j.cub.2009.12.014
28. Gathercole, S.E. (2003). The Development of Memory. *Journal of Child Psychology and Psychiatry, 39* (1), 3–27.
29. Usher, J.A. & Neisser, U. (1993). Childhood amnesia and the beginnings of memory for four early life events. *Journal of Experimental Psychology: General, 122* (2), 155–165. https://doi.org/10.1037/0096-3445.122.2.155
30. Poole, C., Miller, S.A. & Church, E.B. (2004). Development: Ages & stages: How children learn to problem-solve. *Early Childhood Today, 3,* 29–34
31. Lavigne, H.J., Lewis-Presser, A. & Rosenfeld, D. (2020). An exploratory approach for investigating the integration of computational thinking and mathematics for preschool children. *Journal of Digital Learning in Teacher Education, 36* (1), 63–77. https://doi.org/10.1080/21532974.2019.1693940

4
Sozial-emotionale Entwicklung

4.1 Soziale Entwicklung

Das Wichtigste in Kürze

Im Kindergartenalter entwickeln sich die sozialen Fähigkeiten von Kindern jeden Tag ein bisschen weiter: Vielleicht fällt Ihnen auf, dass Ihr Kind mehr Zeit mit anderen Kindern verbringt und öfter mit Gleichaltrigen spielt anstatt alleine. Vielleicht beginnt Ihr Kind auch damit, sich in andere Kinder und Erwachsene hineinzuversetzen und sein Verhalten an die Bedürfnisse anderer anzupassen [1]. Beide Verhaltensweisen sind Anzeichen für die soziale Entwicklung Ihres Kindes. Als Eltern haben Sie nun verschiedene Möglichkeiten, Ihr Kind während dieses Entwicklungsprozesses zu unterstützen.

Wenngleich Kinder häufig am liebsten mit Gleichaltrigen spielen, entwickeln Kinder ihre sozialen Fähigkeiten auch, wenn sie Zeit mit Erwachsenen oder mit älteren und jüngeren Kindern verbringen. Gute soziale Fähigkeiten erlauben es Kindern,

- von und mit anderen zu lernen;
- sich auszutauschen;
- Freundschaften zu knüpfen;
- um Hilfe zu bitten oder
- gut mit anderen Menschen in ihrem Umfeld und ihrer Gesellschaft auszukommen.

Abbildung 4-1: Mit guten Freunden fällt einem so manches leichter

Diese sozialen Fähigkeiten tragen darüber hinaus zum Selbstwert und Selbstbewusstsein Ihres Kindes bei (siehe auch Kapitel 5.2). Und langfristig betrachtet helfen diese Fähigkeiten Ihrem Kind dabei, andere Menschen zu verstehen, Dinge und Ideen mit ihnen zu teilen und mit ihnen zusammenzuarbeiten [2].

Die soziale Entwicklung von Kindern hängt von vielen verschiedenen Einflüssen ab. Insbesondere eine vorhersehbare und aufmerksame Umwelt hat einen positiven Einfluss auf die soziale Entwicklung Ihres Kindes und führt dazu, dass Ihr Kind mit mehr Leichtigkeit und Selbstbewusstsein auf seine Umgebung reagiert. Wenn Kinder sich in einer stabilen und positiven Umgebung wiederfinden, ist die Wahrscheinlichkeit größer, dass sie sich zufrieden und selbstbewusst fühlen und öfter mit anderen spielen und sprechen. Umgebungen, die für Kinder nicht vorhersehbar oder nicht zu verstehen sind, führen meist dazu, dass Kinder soziale Situationen als weniger angenehm empfinden [3].

Die wichtigste soziale Situation im Kindergartenalter ist das gemeinsame Spielen. Mit anderen zu spielen, hilft Kindern zu verstehen, wie man teilt, miteinander spricht und gut miteinander auskommt. Einige Beispiele für solche Spiele sind Verstecken, Rollenspiele oder Brettspiele. Bei diesen Spielen lernen Kinder auch, ihre Gefühle zu kontrollieren und anderen mitzuteilen [2].

Darüber hinaus ist die Eltern-Kind-Beziehung sehr wichtig während der Entwicklung des Sozialverhaltens. Mehr als alles andere sind die Eltern die ersten und in der frühen Kindheit wichtigsten Kontakt- und Ansprechpersonen eines Kindes. Sie können Ihr Kind dabei unterstützen, Selbstbewusstsein zu entwickeln und Freude an sozialen Situationen und Spielen zu gewinnen [3].

Der wissenschaftliche Hintergrund

Die sozialen Fähigkeiten von Kindern und ihre Art, Beziehungen mit anderen zu knüpfen, tragen zu ihrer Persönlichkeitsentwicklung und sogar zu ihrem späteren Erfolg in der Schule bei [4]! In vielen Studien wurde die soziale Entwicklung von Kindern mit aktivem Spielen in Verbindung gebracht, wie zum Beispiel mit Rollenspielen im Kindergarten, aber auch mit der Akzeptanz durch Gleichaltrige und mit elterlichen Erziehungsstilen [5, 6]. Diese drei Aspekte möchten wir uns im Folgenden genauer ansehen.

Spielen regt Kinder dazu an, sich in sozialen Situationen zu üben. Zum Beispiel dadurch, dass sich Kinder beim Spielen mit anderen unterhalten und interagieren – so können sie auch miteinander teilen, Verständnis für andere aufbauen und ihr Wissen erweitern. Kinder lieben es, zu spielen, und sie können sehr fantasievoll sein, was das Spielen noch interessanter für sie macht! Vor allem Rollenspiele können das Einfühlungsvermögen, die Zusammenarbeit und die Nächstenliebe von

Kindern stärken. Und genau diese sozialen Fähigkeiten sind besonders wichtig für die Art und Weise, wie Kinder sich selbst ausdrücken und wie sie mit anderen interagieren [5].

Soziale Kompetenzen lernen mit Rollenspielen

Godwin Ashiabi untersuchte 2007, welche Bedeutung das Spielen für die soziale Entwicklung im Kindergartenalter hat [5]. Wäre Ihr Kind manchmal gerne Prinzessin Elsa oder Olaf aus dem Film *Die Eiskönigin* oder *Spongebob* aus der animierten Comedyserie? Oder eine andere erfundene oder echte Person?

Wenn Ihre Antwort „Ja" ist, ist das vollkommen in Ordnung! Denn Ihr Kind experimentiert mit sozialen Rollen. Wir nennen das „soziodramatisches Spiel". Es kann als ein Gemeinschaftsspiel definiert werden, in dem Kinder ihre Fantasiewelt nutzen, ein Rollenspiel zu spielen oder eine andere Identität annehmen. Für gewöhnlich gibt es ein gemeinsames Ziel dabei, und jeder, der mitspielt, arbeitet auf dieses gemeinsame Ziel hin. Ashiabi meint, dass das Rollenspiel mit verschiedenen Abläufen verbunden ist, welche die sozialen Fähigkeiten von Kindern formen. Beispielsweise festigen Rollenspiele die Problemlösefähigkeiten der Kinder und ihr Können, sich in andere Kinder hineinzuversetzen und ihre Perspektiven einzunehmen. Kinder üben in solchen Spielen Kooperation, Konfliktschlichtung, Teilen und Rollenübernahme. Diese Prozesse zu üben stärkt die Nächstenliebe der Kinder, ihre Feinfühligkeit, andere zu verstehen (in anderen Worten, Empathie zu zeigen), das Finden von Strategien zur Aufrechterhaltung ihrer Beziehungen und ihr Verantwortlichkeitsgefühl in sozialen Situationen.

Aber nicht nur Rollenspiele können lang andauernde positive Auswirkungen auf die sozialen Fähigkeiten Ihres Kindes haben [7]. Ganz allgemein betrachtet ist es förderlich für Kinder, zusammen mit anderen Kindern zu interagieren und zu lernen, etwa wie man sich in einer Gruppe verhält und mit Konflikten umgeht. Daher ist es wichtig, ein Umfeld zu errichten, in dem Kinder mit Gleichaltrigen interagieren und sich austauschen können. Wie wäre es zum Beispiel damit, eine „Haus-"Spielgruppe zu ermöglichen? In diesem Rahmen könnten Sie andere Eltern mit ihren Kindern zu sich nach Hause einladen, um Ihren Kindern das gemeinsame Spielen zu ermöglichen.

Die Gestaltung positiver sozialer Lernumwelten

Das Kindergartenalter ist besonders wichtig für das Lernen von sozialen Fähigkeiten und dem Umgang mit Gleichaltrigen. Johnson und Kolleginnen und Kollegen empfehlen in ihrem Forschungsartikel aus dem Jahr 2000, Umwelten zu gestalten, in denen die kindliche Kommunikation, das Teilen mit anderen und das Sozialverhalten gefestigt werden können [7]. Welche Arten von Umwelten empfehlen sie?

1) Kooperative Lern- beziehungsweise Spielgruppen helfen Kindern, ihre sozialen Fähigkeiten zu üben. In solchen Gruppen können Kinder Ideen, Spielzeuge oder Gegenstände teilen. Zum Beispiel können Sie als Eltern andere Eltern mit ihren Kindern zu sich nach Hause einladen und die Kinder dazu ermutigen, miteinander zu spielen, ihre Spielzeuge zu teilen oder gemeinsam zu malen oder zu basteln.
2) Gut geeignet sind ebenfalls Umwelten, die prosoziales Verhalten fördern. Prosoziales Verhalten ist die Absicht, anderen zu helfen oder mit anderen zu teilen, ohne dafür eine Belohnung zu erwarten. Kinder mit besser ausgebildetem prosozialem Verhalten gehen mit größerer Wahrscheinlichkeit positiv mit ihren Gleichaltrigen um. Wenn Sie Ihrem Kind positives Feedback geben, es loben und seinem prosozialen Verhalten Aufmerksamkeit schenken, kann dies zu einem besseren Umgang mit Gleichaltrigen und zu mehr Akzeptanz im Kindergarten und auch später in der Schule führen.
3) Kinder, die viel Zeit mit Erwachsenen verbringen, haben manchmal weniger Zeit oder Energie, um mit ihren Gleichaltrigen zu spielen. Deshalb ist es wichtig, den direkten Austausch mit Gleichaltrigen zu fördern, ohne hierbei als Vermittlerin oder Vermittler zwischen zwei Kindern zu handeln.

Sich um Ihr Kind zu kümmern, es zu versorgen, zu erziehen und mit ihm zu spielen nimmt einen großen Teil Ihres Alltags ein. Wussten Sie, dass elterliche Erziehungsstile direkten und langandauernden Einfluss auf die soziale Entwicklung ihres Kindes nehmen können? Bereits in den ersten Lebensjahren beeinflusst der elterliche Erziehungsstil die sozialen Fähigkeiten eines Kindes [8]. Einen angemessenen, positiven Erziehungsstil zu entwickeln ist sehr individuell, zeitaufwendig und nicht immer einfach. Eltern bekommen oft Ratschläge zur Kindererziehung von anderen Eltern, Familienmitgliedern oder den Medien – wie soll man da sicher sein, welches Verhalten gegenüber einem Kind für die kindliche Entwicklung am förderlichsten ist? Studien zu elterlichen Erziehungsstilen und der sozialen Entwicklung der frühen Kindheit heben hervor, dass ein positiver, warmer und ansprechbarer Erziehungsstil am förderlichsten für die sozialen Fähigkeiten von Kindern ist, und darüber hinaus auch für ihre emotionale, intellektuelle und moralische Entwicklung [3, 9].

Elterliche Erziehungsstile und kindliche Sozialkompetenz

Die Wissenschaftlerinnen Altschul, Lee und Gershoff untersuchten 2016, inwiefern sich mütterliche Wärme und körperliche Reglementierung in Form von Schlägen auf das Aggressionsverhalten und die sozialen Kompetenzen von Kindern auswirken [9]. An ihrer Langzeitstudie nahmen 3279 Mütter und Kinder aus ländlichen Gegenden der USA teil, die anhand eines Fragebogens darüber befragt wurden, ob die Mutter ihr Kind im vergangenen Monat geschlagen hatte und wenn ja wie oft. Die elterliche Wärme wurde an-

hand von Beobachtungen während der Familieninterviews eingeschätzt, und die kindlichen Sozialkompetenzen mithilfe einer adaptierten Skala zum sozialen Verhalten, welche die Mütter nutzten, um das Verhalten ihrer Kinder einzuschätzen.
Die Ergebnisse zeigten, dass das Schlagen der Kinder zu einem gesteigerten Aggressionsverhalten führte. Gleichzeitig zeigte sich, dass mütterliche Wärme die soziale Kompetenz der Kinder positiv beeinflusste. Daraus schlussfolgern die Forscherinnen, dass elterliche Wärme einen effektiven Weg aufzeigt, um das kindliche Sozialverhalten und die Sozialkompetenz zu unterstützen.

Tipps zur sozialen Entwicklung

Tipp 1
Geben Sie Ihrem Kind die Möglichkeit, mit anderen Kindern zu spielen und andere Menschen kennenzulernen. Nehmen Sie Ihr Kind mit zu unterschiedlichen sozialen Anlässen. Hier ein paar Beispiele:

(1) Jeden Monat veranstalten Museen kinderfreundliche Events, auf denen Ihr Kind die Möglichkeit hat, andere Kinder und Erwachsene zu treffen und mit ihnen zu reden.
(2) Nehmen Sie Ihr Kind mit zu Spieleverabredungen. Dabei lernen Kinder, sich mit anderen auseinanderzusetzen, zu teilen und zu kooperieren.
(3) Nehmen Sie an Kindergartenfesten und -aktivitäten teil und unterstützen Sie Ihr Kind in seinem eigenen sozialen Umfeld.

Tipp 2
Helfen Sie Ihrem Kind dabei, mit Erwachsenen und anderen Kindern zu interagieren. Spielen Sie zum Beispiel gemeinsam Rollenspiele. Erfinden Sie Figuren, und unterstützen Sie Ihr Kind dabei, seine Fantasie zu nutzen. Hierfür können Sie auch Spielzeuge oder Fingerpuppen nutzen. Dies benötigt verbale und nonverbale Verständigung und kann die zwischenmenschlichen Fähigkeiten Ihres Kindes somit auf viele Arten verbessern.

Tipp 3
Helfen Sie Ihrem Kind dabei, Selbstwertgefühl und Selbstbewusstsein aufzubauen. Wenn Ihr Kind mit sich und seinen Fähigkeiten zufrieden ist, fällt es ihm leichter, sich anderen zu öffnen und mit anderen umzugehen. Geben Sie Ihrem Kind die Möglichkeit, seine eigenen Entscheidungen zu treffen. Lassen Sie zum Beispiel Ihr Kind morgens entscheiden, was es gerne anziehen möchte, oder lassen Sie es entscheiden, was es als Nächstes tun möchte. Vergessen Sie nicht, die Entscheidungen auch zu respektieren und zu loben.

Tipp 4
Belohnen Sie Ihr Kind ganz ausdrücklich, wenn es prosoziales Verhalten zeigt. Wichtig ist dabei, wirklich mündlich zu loben, aber greifbare Belohnungen wie Süßigkeiten oder Spielzeuge zu vermeiden. Hier einige Beispiele:

(1) In einer Gruppenaktivität können Sie positives Feedback geben wie „Ihr spielt alle sehr schön miteinander!" und „Es ist toll, dass ihr euch alle gegenseitig helft!".
(2) In einer Einzelaktivität, etwa wenn mehrere Kinder für sich ein Bild malen, könnte Ihr positives Feedback sein: „Was du für deine Freundin getan hast, hat ihr wirklich geholfen" und „Es war nett von dir, deinen gelben Wachsmalstift mit deinem Freund zu teilen, damit er eine gelbe Sonne malen konnte!".

4.2 Prosoziale Fähigkeiten und moralische Entwicklung

Das Wichtigste in Kürze

Als Eltern erhoffen wir uns, dass unsere Kinder von anderen Menschen fair und einfühlsam behandelt werden, und wünschen, dass auch unsere Kinder andere ebenso behandeln. Wir möchten auch, dass unsere Kinder verständnisvolle und unterstützende Menschen sind. Wenn wir Kinder auf dem Weg, verantwortungsvolle Menschen zu werden, unterstützen wollen, müssen wir verstehen, welche Fähigkeiten die moralische und prosoziale Entwicklung beinhaltet und wie sie sich im Kindergartenalter entwickelt.

Die Entwicklung moralischer Fähigkeiten ermöglicht es Kindern, zwischen „gutem" und „schlechtem" Verhalten zu unterscheiden, mit anderen Worten, zu wissen, was „richtig" oder „falsch" ist [10]. Im Kindergartenalter entwickeln Kinder zudem die Fähigkeit, sich in andere Menschen hineinzuversetzen und sich um sie zu kümmern [11]. Studien zur moralischen Entwicklung zeigen aber, dass Kinder im Vorschulalter noch eine grundsätzlich auf „sich selbst bezogene" Natur haben. Zwar können sie die Bedürfnisse anderer verstehen, achten jedoch verstärkt auf ihre eigenen Bedürfnisse und Vorteile. In dieser Altersstufe vollziehen sich also ganz wichtige Schritte der moralischen Entwicklung [12].

Deshalb ist die moralische Erziehung im frühen Alter von entscheidender Bedeutung, um die moralischen Urteile der Kinder und ihr späteres prosoziales Verhalten zu formen [12, 13]. Prosoziales Verhalten kann als Unterstützung und Hilfe für andere definiert werden, zum Beispiel die Unterstützung anderer durch Teilen, Trösten, Kooperation oder einfacher ausgedrückt, anderen zu helfen, damit sie sich gut fühlen [14].

Die Vermittlung von moralischen Werten in Kombination mit prosozialen Verhaltensweisen hilft Kindern, die Perspektiven anderer Menschen zu verstehen und gut mit ihnen auszukommen. Wenn Ihr Kind zum Beispiel lernt, dass das Teilen von Spielzeug mit Gleichaltrigen beim Spielen oder das Teilen von Buntstiften beim Malen wichtige, moralisch begründete Verhaltensweisen sind, wird es auch moti-

Abbildung 4-2: Jeder benötigt manchmal etwas Unterstützung

viert sein, sein zukünftiges Verhalten dahingehend anzupassen, hilfreich, fair und teilend zu handeln [14].

Um Kinder zu moralischen, prosozialen und mitfühlenden Individuen zu erziehen, ist es wichtig, ihren Sinn für Empathie zu fördern. Die Entwicklung von Empathie beginnt zu Hause im familiären Kontext, mit dem Einfühlungsvermögen für Eltern, Geschwister, Großeltern, Verwandte und Nachbarn [13]. Um unseren Kindern beizubringen, die Gedanken und Gefühle derer zu verstehen, die ihnen nahestehen, sollten wir ihnen vorleben, wie das geht, indem wir ihnen zeigen, wie Moral und prosoziales Verhalten in unserem eigenen Leben zusammenwirken [15].

Der wissenschaftliche Hintergrund

In den Kindergartenjahren lernen Kinder die von ihnen erwarteten moralischen Normen kennen und passen sich mehr und mehr an diese und auch an die Verhaltensweisen ihrer Mitmenschen an. Sie entwickeln sich also langsam von einer Selbst- hin zu einer Fremdorientierung. Je älter Kinder werden, desto mehr haben sie die Fähigkeit und das Verständnis für abstrakte Regeln und auch Empathie für andere [12]. Für ihre gesunde moralische Entwicklung ist es hilfreich, dass Eltern die moralischen Werte beachten, die für kleine Kinder gelten, wie zum Beispiel:

- das Akzeptieren von Werten, die für die Familie oder für die allgemeine Gesellschaft wichtig sind;
- das Befolgen von Regeln zu Hause und im Kindergarten;
- die Gründe zu kennen, warum man Regeln befolgen sollte;
- Eltern und Lehrkräfte in ihren Bereichen als Autoritäten zu akzeptieren;
- moralische und prosoziale Konzepte wie richtig, falsch, Gerechtigkeit, Teilen oder Helfen zu verstehen [12].

Emotionale Beziehungen in der Familie (besonders in der frühen Kindheit) spielen eine wichtige Rolle bei der Entwicklung von sozialem Verständnis, und soziales Verständnis wiederum wird als einer der Schlüsselaspekte der moralischen Entwicklung angesehen. Die Interaktionen mit Kindern innerhalb des familiären Kontexts tragen besonders zur moralischen Entwicklung eines Kindes bei. Hier zeigen sich Einflüsse verschiedener Charakteristika einer Familie auf das moralische Denken und Urteilen [12, 15]. Zum Beispiel wurde die emotionale Erfahrung, die ein Kind zu Hause mit seinen Geschwistern macht, mit dem eigenen Verständnis von Moral in Verbindung gebracht [16].

Konkurrenzverhalten unter Geschwistern: Ein ganz normaler Entwicklungsschritt

Die Interaktion von Kindern im familiären Umfeld und ihre moralische und prosoziale Entwicklung stand im Mittelpunkt einer Studie von Judy Dunn und ihrem Forschungsteam [12, 15]. Sie untersuchten die Ansichten von vierjährigen Kindern zu verschiedenen sozialen Situationen (z.B. das Wegnehmen eines Spielzeugs von Gleichaltrigen oder deren Ausschluss vom Spiel). Dabei stellten die Forschenden Fragen wie „Wäre es in Ordnung, wenn ich deiner Schwester ein Spielzeug wegnehme?“ oder „Wäre es in Ordnung, wenn deine Schwester dir ein Spielzeug wegnimmt?“.
Sie entdeckten individuelle Unterschiede der Kinder in Bezug auf ihre moralischen Urteile. Die vierjährigen Kinder zeigten große emotionale Reaktionen und ein Wettbewerbsverhalten, wenn enge Familienmitglieder oder enge Freundinnen und Freunde in die fiktive Geschichte involviert waren. Eine weitere Reihe ähnlicher Fragen wurde den Kindern wieder im Alter von fünf bis sieben Jahren gestellt. Diesmal waren die Kinder verständnisvoller und weniger konkurrenzorientiert mit ihren Freundinnen und Freunden oder anderen Kindern, aber sie betrachteten ihre Geschwister immer noch verstärkt als Konkurrenten.

Während sich also das soziale Verständnis als Vorläufer der moralischen Fähigkeit im Kindergartenalter deutlich weiterentwickelt, bleibt das prosoziale Verhalten, welches sehr früh in der Kindheit im Alter von drei bis vier Jahren beobachtet werden kann, bis zum zwanzigsten Lebensjahr ziemlich stabil. Dies deutet darauf hin, dass es biologische/genetische Faktoren geben könnte, die das prosoziale Verhalten von Kindern beeinflussen [17]. Noch wichtiger scheint jedoch zu sein, in einer prosozialen Umgebung zu leben oder Verhaltensweisen wie „an andere denken“, „anderen helfen“ oder „mit anderen teilen“ in der eigenen Umgebung zu beobachten und zu lernen. Diese Aspekte tragen dann langfristig zu einer moralischen und prosozialen Denkweise bei [17].

Früh übt sich ... das prosoziale Verhalten

Nancy Eisenberg und ihre Kolleginnen und Kollegen waren daran interessiert, die Entwicklung prosozialer Verhaltensweisen zu verstehen [17]. In einer Langzeitstudie beobachteten und befragten sie Kinder siebzehn Jahre lang, ab dem Alter von vier bis zwanzig Jahren. Während dieses langen Zeitraums wurden die Kinder insgesamt neunmal befragt, inklusive zweier zusätzlicher Folgestudien. Als die Kinder in der Vorschule waren, wurden ihre Verhaltensweisen hinsichtlich verschiedener Aspekte prosozialen Verhaltens beobachtet, etwa mit anderen teilen, anderen helfen und anderen Trost oder emotionale Unterstützung anbieten. Als die Kinder heranwuchsen, wurden diese Beobachtungen durch Interviews und Selbstberichte ersetzt.
Es zeigte sich, dass die Motivation zum Teilen, Helfen und „auf andere zugehen“ im Vorschulalter ein Prädiktor für prosoziales Verhalten und empathische Reaktionen siebzehn Jahre später war, als die gleichen Kinder bereits junge Erwachsene waren. Die Forschenden schlussfolgerten, dass das Aufwachsen in einer prosozialen Umgebung während der frühen Kindheit (z.B. wenn das Teilen mit anderen, das Helfen oder das Verständnis für andere in der Umgebung hoch angesehen ist) und auch während der weiteren Kindheit das Potenzial hat, die zukünftige Moral und den prosozialen Charakter der Kinder positiv zu unterstützen.

Und welche Rolle spielt die Familie bei der Entwicklung des moralischen Verhaltens von Kindern? Die hier vorgestellten Studien haben bereits gezeigt, wie wichtig es für die prosoziale Entwicklung von Kindern ist, dass ihre Eltern mit gutem Beispiel vorangehen. Die sogenannte Social Domain Theory zeigt diesen Zusammenhang auch für die Moralentwicklung von Kindern [13]. Sie besagt, dass das soziale und moralische Wissen von Kindern durch Erfahrungen mit Erwachsenen (z.B. Eltern oder Lehrkräften), Gleichaltrigen und Geschwistern aufgebaut wird.

Nach dieser Theorie beeinflussen sowohl emotionale als auch kognitive Aspekte der familiären Interaktionen die moralische Entwicklung von Kindern. Die Art und Weise, wie Eltern sich emotional auf ihre Kinder einlassen und wie sie ihre Botschaften übermitteln oder ihren Kindern Feedback geben, ist dabei besonders wichtig [13].

Wie Eltern die moralische Entwicklung ihrer Kinder unterstützen können

Judith Smetana entwickelte im Jahr 1999 zwei Ideen zur Rolle der Familie für die moralische Entwicklung von Kindern [13].

1) Sie nahm an, dass emotionale Interaktionen die moralische Entwicklung von Kindern auf zwei Arten unterstützen können:
   a) Eine warme und unterstützende Beziehung zwischen Kindern und ihren Eltern könnte Kinder dazu motivieren, auf elterliche moralische Botschaften zu hören und darauf zu reagieren. Eltern sollten also versuchen, ihre Botschaften auf eine positive und unterstützende Weise zu übermitteln (z.B. „Du hast so viele Spielsachen für den Sandkasten. Deine Nachbarin freut sich sicher, wenn du diese mit ihr teilst").
   b) Wenn moralische und soziale Regeln einen positiven Charakter haben und für Kinder verständlich sind, werden Kinder eher geneigt sein, sich danach zu richten. Anstatt sich zu ärgern, wenn das Zimmer Ihres Kindes unordentlich ist, können Sie also versuchen zu erklären, warum das Zimmer aufgeräumt werden muss: „Wenn deine Spielsachen auf dem Boden liegen, kann man darauf treten. Das kann wehtun, und das Spielzeug kann kaputt gehen. Ich würde mich freuen, wenn du sie wieder in die Kiste legen könntest."
2) Darüber hinaus können sich auch kognitive Aspekte der Eltern-Kind-Interaktion auf die moralische Entwicklung der Kinder auswirken. Kinder werden moralische Regeln eher erlernen und danach handeln, wenn ihnen diese Regeln erklärt werden und wenn die Eltern angemessen reagieren, wenn die Regeln verletzt werden. Zum Beispiel können die Eltern erklären, warum es wichtig ist, anderen Menschen zu helfen oder warum wir fair zu anderen sein sollten. Hier ist es wichtig, als Vorbild zu agieren und zu zeigen, dass diese Regeln auch für uns gelten und dass wir uns ebenfalls an sie halten.

Um die moralische Entwicklung Ihres Kindes zu unterstützen, sollten Sie deshalb versuchen, häufig mit Ihrem Kind positiv zu interagieren. Sie können zum Beispiel einfache moralische und prosoziale Hinweise geben und moralisches Verhalten ansprechen. Hierbei ist es hilfreich, den aktuellen moralischen und prosozialen Entwicklungsstand Ihres Kindes zu verstehen. Sie können sich beispielsweise fragen:

- Kann mein Kind bereits zwischen „richtig" und „falsch" unterscheiden?
- Hält sich mein Kind beim Spielen mit mir oder anderen Kindern an die „Regeln"?
- Akzeptiert mein Kind die Regeln zu Hause oder im Kindergarten?
- Teilt mein Kind Spielsachen/Materialien, wenn es mit anderen Kindern oder mit mir spielt?

Bitte vergessen Sie nicht, dass jedes Kind seine Entwicklung in seiner eigenen Geschwindigkeit vollzieht und dass jedes Kind unterschiedliche Umgebungen und unterschiedliche Menschen um sich herum erlebt. Kinder sind ein Teil der sie umgebenden Gesellschaft und der Kultur, in der sie aufwachsen, und die sie umgebende

Gesellschaft hat einen großen Einfluss auf das Verständnis der Kinder für Regeln und Normen. Sie als Eltern können Ihr Kind hierbei in dessen Entwicklung unterstützen und begleiten.

Tipps zu prosozialen Fähigkeiten und moralischer Entwicklung

Tipp 1

Sprechen Sie offen und vermeiden Sie es, mehrdeutige Aussagen zu treffen. Das Reden über Moral kann sehr abstrakt sein – daher fällt es Kindern häufig schwer, alles zu verstehen. Halten Sie es so einfach wie möglich und versuchen Sie, viele alltägliche Beispiele zu geben, um Ihrem Kind zu helfen, einfache moralische Regeln zu verstehen.

Tipp 2

Reagieren Sie auf moralisch angemessenes und unangemessenes Verhalten Ihres Kindes. Dabei ist es wichtig, auf angemessenes und unangemessenes Verhalten möglichst unmittelbar zu reagieren, indem Sie auf das Verhalten hinweisen. Auf diese Weise können Kinder moralische Regeln leichter verstehen und werden ihre Handlungen eher mit den moralischen Erwartungen anderer in Verbindung bringen.

Tipp 3

Geben Sie ermutigendes Feedback. Positives Feedback ermöglicht es Kindern, das erwartete Verhalten mit einer positiven Reaktion („Das hast du sehr gut gemacht“) zu verbinden. Folglich wird Ihr Kind motiviert sein, dasselbe Verhalten erneut zu zeigen.

Tipp 4

Fördern Sie Freundlichkeit, Einfühlungsvermögen und die Bereitschaft zum Teilen. Ermutigen Sie Ihr Kind, im Umgang mit anderen Menschen freundlich zu sein und zu teilen. Gehen Sie dabei mit gutem Beispiel voran! Sie können etwa ...

- zu einer Wohltätigkeitsveranstaltung beitragen oder spenden und Ihr Kind darauf hinweisen, wie wichtig es ist, anderen zu helfen, auch wenn man sie nicht persönlich kennt;
- freundlich im Umgang mit Ihren Mitmenschen sein, beispielsweise zu einem Kellner, der Ihnen eine falsche Bestellung gebracht hat, und Ihrem Kind verdeutlichen, dass es wichtig ist, andere freundlich zu behandeln.

4.3 Emotionale Entwicklung

Das Wichtigste in Kürze

Im Vorschulalter zeigt Ihr Kind bereits verschiedene grundlegende Emotionen wie Wut, Scham, Trauer, Freude und viele andere [18]. Wenn Ihr Kind beim Spielen eine Aufgabe erfolgreich bewältigt und sich dabei wohlfühlt, zeigt es wahrscheinlich Zeichen von Freude durch Lächeln oder durch eine positive Körpersprache. Und wenn es nach vielen vergeblichen Versuchen an einer Aufgabe scheitert, zeigt es möglicherweise Anzeichen von Scham oder Wut [19]. Und welche Emotion zeigt Ihr Kind beim Anblick einer Hornisse? Nun, das hängt ganz von Ihrem Kind ab!

Denn auch wenn uns emotionale Reaktionen auf den ersten Blick häufig ganz natürlich und unwillkürlich erscheinen, so ist die emotionale Entwicklung eines Kindes ein ganz individuell ablaufender Prozess und wird von vielen unterschiedlichen Faktoren beeinflusst. So spielt die Unterstützung der Eltern eine wichtige Rolle für

Abbildung 4-3: Ach du Schreck – eine Hornisse!

das emotionale Wachstum eines Kindes [20]. Denn junge Kinder erleben häufig Emotionen, die sie nicht kennen oder von denen sie nicht wissen, wie sie sie kontrollieren oder zeigen sollen. Dies kann dazu führen, dass sie impulsiv oder unangemessen handeln. Sie erleben diese Emotionen ja gerade zum allerersten Mal! Eltern können ihren Kindern in solchen Situationen zeigen, wie sie richtig mit ihren Gefühlen umgehen können [21]. Allerdings ist das gar keine leichte Aufgabe: Während etwa die körperliche Entwicklung Ihres Kindes einfach zu beobachten ist, ist es weitaus schwieriger, die Emotionen Ihres Kindes zu verstehen und seine emotionale Entwicklung zu begleiten [22].

Der adäquate Umgang mit Emotionen wird auch als „emotionale Kompetenz“ bezeichnet. Die emotionale Kompetenz junger Kinder zeichnet sich dadurch aus, wie sie ihre Gefühle wahrnehmen, ausdrücken und mit ihnen umgehen [23]. Bereits in jungen Jahren die emotionale Kompetenz Ihres Kindes zu unterstützen, wirkt sich positiv auf die gesunde Entwicklung emotionaler und auch sozialer Kompetenzen im weiteren Lebensverlauf aus [20]. Auf den folgenden Seiten möchten wir Ihnen daher noch weitere Informationen zur emotionalen Kompetenz geben und Meilensteine in der Kompetenzentwicklung benennen.

Der wissenschaftliche Hintergrund

Kinder im Kindergartenalter erleben eine Vielzahl an Emotionen, jedoch haben sie häufig noch Probleme damit, dieses Emotionserleben und auch den Emotionsausdruck adäquat zu steuern. Während der Vorschuljahre beginnen sie, sowohl ihre eigenen emotionalen Zustände als auch die emotionalen Zustände anderer Personen zu verstehen. Nach Denham und Kolleginnen und Kollegen gibt es drei Hauptbestandteile, welche die Qualität von emotionaler Kompetenz definieren: emotionale Ausdrucksfähigkeit, emotionales Wissen und emotionale Steuerung [24]. Mithilfe dieser Hauptbestandteile kann emotionale Kompetenz als eine Art Voraussetzung für die Entwicklung der sozialen Fähigkeiten eines Kinds gesehen werden, da sie Ihrem Kind erlaubt, seine Emotionen im sozialen Rahmen adäquat zu steuern [24].

Emotional kompetent in drei Schritten

Denham und ihr Forschungsteam definierten im Jahr 2003 die drei Komponenten der emotionalen Kompetenz, Ausdrucksfähigkeit, emotionales Wissen und emotionale Steuerung, wie folgt [24]:

1) Mit emotionaler Ausdrucksfähigkeit ist gemeint, seine positiven Emotionen, etwa Freude oder Erleichterung, auszudrücken und so mit anderen zu teilen. Das Teilen positiver Emotionen spielt eine wichtige Rolle in der kindlichen Interaktion mit Gleichaltrigen und Erziehenden und kann zu positiver Bewertung durch andere führen.

2) Emotionales Wissen gibt Kindern die Informationen, die sie benötigen, um die Emotionen anderer Menschen erkennen und verstehen zu können. Wenn Kinder verstehen, was andere Menschen erleben, können sie deren Emotionen besser bewerten und angemessen reagieren. Emotionales Wissen könnte zum Beispiel Informationen über negative Situationen mit Gleichaltrigen eröffnen und Vorschulkindern dabei helfen, Konfliktlösestrategien zu finden.
3) Emotionale Steuerung beschreibt die Kontrolle über Intensität und Dauer von Emotionen. Kinder, die weniger negative Emotionen erleben, entwickeln mit größerer Wahrscheinlichkeit eine konstruktive emotionale Steuerung in sozialen Situationen.

Im Alter von drei und vier Jahren ist die emotionale Ausdrucksfähigkeit eine wichtige Grundvoraussetzung für emotionales Wissen und emotionale Steuerung. Da negative Emotionen überwältigend für Drei- bis Vierjährige sein können, schlugen die Forschenden vor, dass das Fördern positiver Emotionen Kindern helfen kann, mehr über ihre emotionalen Zustände zu erfahren, und zudem zu ihrer sozialen Interaktion betragen kann.

Obwohl die emotionale Entwicklung von Kindern ein Leben lang andauert, sind es doch die Vorschuljahre, in denen die Kinder neue Fähigkeiten, die ihrer emotionalen Entwicklung beisteuern, lernen und anpassen [25]. Emotionale Kompetenz kann dabei auch als ein Baustein von Selbstwirksamkeit betrachtet werden [23]. Selbstwirksamkeit wird definiert als die Fähigkeit von Kindern, ihre eigene Motivation oder ihr eigenes Verhalten zu kontrollieren. Die Forscherin Carolyn Saarni beschreibt acht Fertigkeiten der emotionalen Kompetenz, die benötigt werden, um selbstwirksam zu sein.

Die acht Komponenten emotionaler Kompetenz nach Saarni [23]

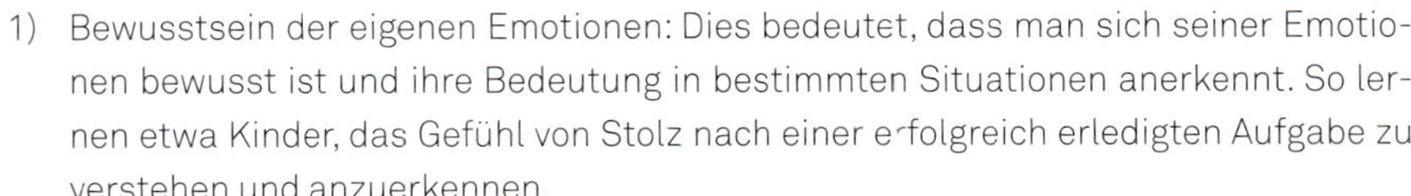

1) Bewusstsein der eigenen Emotionen: Dies bedeutet, dass man sich seiner Emotionen bewusst ist und ihre Bedeutung in bestimmten Situationen anerkennt. So lernen etwa Kinder, das Gefühl von Stolz nach einer erfolgreich erledigten Aufgabe zu verstehen und anzuerkennen.
2) Emotionen anderer unterscheiden und verstehen zu können: In den Vorschuljahren versuchen Kinder sowohl ihre eigenen als auch die Emotionen anderer Menschen zu verstehen. Sie beginnen, Gestik, Mimik und Handlungen zu beobachten, um herauszufinden, welche Art von Emotionen andere gerade erleben.
3) Emotionen verbal und expressiv ausdrücken: Kinder lernen, ihre eigenen Emotionen ausdrücken, in Gestik, Mimik und Verhalten wie auch verbal – hierzu ist ein Wortschatz zu Emotionen eine Grundbedingung.
4) Empathische und sympathische Anteilnahme: Sobald Kinder Emotionen anderer wahrnehmen und deuten können, ist es ihnen auch möglich, Mitgefühl und Anteilnahme für die Emotionen ihrer Mitmenschen zu zeigen.
5) Unterscheidung zwischen subjektivem emotionalem Erleben und externalem emotionalem Ausdruck: Junge Kinder lernen, ihre wahrgenommenen Gefühle von ihrem äußeren Ausdruck zu trennen und beispielsweise nicht alle ihre Gefühle auszuleben.

6) Anpassungsfähiger Umgang mit negativen Emotionen: Hierbei lernen Kinder, mit ihren feindseligen Gefühlen und traurigen Situationen umgehen.
7) Bewusstsein der emotionalen Kommunikation in Beziehungen: Junge Kinder lernen, wie ehrliche Emotionen in einer engen Beziehung (z. B. Eltern-Kind-Beziehung) geteilt werden.
8) Emotionale Selbstwirksamkeit: Kinder lernen sich selbst und ihre Emotionen zu akzeptieren. Sie verstehen, dass sie Dinge ganz individuell auf ihre eigene Weise fühlen.

Wie bereits erwähnt entwickelt sich emotionale Kompetenz mit der Zeit. Jedes Kind hat dabei sein eigenes Entwicklungstempo. Sogenannte Meilensteine in der emotionalen Entwicklung zu betrachten kann Ihnen jedoch dabei helfen, den emotionalen Entwicklungsstand Ihres Kindes besser einzuschätzen und abzuleiten, in welchen Bereichen Ihr Kind Ihrer Unterstützung bedarf. Beispiele für diese emotionalen Meilensteine sind in der untenstehenden Tabelle aufgeführt [26, 27, 28].

Gute affektive Lernmechanismen ermöglichen es Kindern, mit ihren Emotionen umzugehen und sie zu regulieren. Zudem tragen sie dazu bei, die Emotionen anderer Menschen besser zu verstehen. Studien zeigen, dass der elterliche Erziehungsstil Einfluss auf die Entwicklung des Kindes hat. Der elterliche Erziehungsstil kann als die Art definiert werden, auf die Eltern mit ihren Kindern umgehen und sie großziehen. Forschende haben verschiedene elterliche Erziehungsstile identifiziert, die jeweils unterschiedlichen Einfluss auf das Verhalten der Kinder nehmen. So spielt etwa ein ansprechbarer und einfühlsamer Erziehungsstil eine große Rolle in der gesunden emotionalen Entwicklung eines Kindes. Dieser elterliche Erziehungsstil zeichnet sich in den Eltern-Kind-Interaktionen durch häufige dialogische Konversationen, häufige verbale Ermutigungen und seltenere Verbote aus [29].

Tabelle 4-1: Meilensteine in der emotionalen Entwicklung des Kindes

Alter	Meilenstein
4–7 Monate	Kinder können Freude und Überraschung unterscheiden.
18–24 Monate	Kinder entwickeln erste Anzeichen von Empathie.
1–2 Jahre	Kinder zeigen unterschiedliche Emotionen wie Freude, Wut, Angst oder sogar Sympathie.
3–5 Jahre	Kinder benennen Emotionen und sind fähig, Emotionen in Worte zu fassen. Kinder beginnen, die Ursachen von Emotionen zu verstehen.
Ab 5 Jahren	Kinder können zwischen Wut, Angst und Trauer unterscheiden. Kinder können zwischen gespielten und echten Emotionen unterscheiden.

Gesunde emotionale Entwicklung: Nicht zuletzt eine Frage des Erziehungsstils

Susan Landry fasst in ihrem Forschungsartikel aus dem Jahr 2014 aktuelle Forschungsergebnisse zur Verbindung zwischen elterlichem Erziehungsstil und der emotionalen Kompetenz von Kindern zusammen [29]. Die Ergebnisse deuten darauf hin, dass der sogenannte ansprechbare Erziehungsstil affektiv-emotionales Verhalten von Kindern hervorbringt und unterstützen kann. Zum Beispiel hilft es Ihrem Kind, Mechanismen zum Umgang mit Stress und neuen Situationen zu entwickeln, wenn seine Interessen akzeptiert werden. Wenn Eltern auf ihr Kind prompt, positiv und interessiert reagieren, werden wichtige affektive Lernmechanismen, wie Selbstregulation und Kooperation, gefördert.
Ansprechbare Eltern zeigen Verständnis und Akzeptanz für die Interessen ihrer Kinder und antworten ihren Kindern schnell und angemessen. Zum Beispiel: In einer besorgniserregenden Situation wäre ein ansprechbarer Erziehungsstil unterstützend. Wenn es ein Problem zu lösen gibt, würde ansprechbares Erziehen zum Lösen des Problems ermutigen. Forschende meinen, dass Kinder, die ansprechbare Eltern haben, eher zu Menschen werden, die keine Probleme damit haben, ihre eigene Meinung auszudrücken, gut im Fällen von Entscheidungen sind und ihre Emotionen besser verstehen und steuern können.

Tipps zur emotionalen Entwicklung

Tipp 1
Sprechen Sie mit Ihrem Kind über seine Emotionen! Erklären Sie ihm, dass man verschiedene Emotionen erleben kann (manchmal sogar mehrere Emotionen zur gleichen Zeit) und dies völlig normal ist. Unterstützen Sie Ihr Kind dabei, seine Emotionen zu erkennen, wenn es sie erlebt, und benennen Sie diese. Fragen Sie auch nach, was Ihr Kind über die Gefühle anderer Menschen oder Figuren denkt, beispielsweise anhand des Buches, welches Sie gerade vorlesen: „Der kleine Hase in dieser Geschichte hat sein Spielzeug verloren. Wie denkst du, wie er sich nun fühlt? Wie würdest du dich fühlen, wenn du dein Spielzeug verlieren würdest?"

Tipp 2
Ermutigen Sie Ihr Kind, seine Emotionen auszudrücken und darüber zu reden, indem Sie konkrete Beispiele geben und Ihr Kind mit dem nötigen Wortschatz ausstatten, um über Gefühle zu sprechen. Ein Beispiel: „Gestern war deine beste Freundin zum letzten Mal in deinem Kindergarten. Möchtest du darüber reden, wie du dich jetzt fühlst? Fühlst du dich traurig? Wie fühlt sich das bei dir an?"

Tipp 3
Fördern Sie Empathie: Unterstützen Sie Ihr Kind dabei, die Gefühle anderer Menschen zu verstehen. Erklären Sie dazu, dass andere Menschen auch Gefühle haben und dass sie manchmal genauso glücklich, traurig oder frustriert sein können, wie Ihr Kind selbst. Zum Beispiel: „Gestern war eine Freundin sauer und saß allein im Wohnzimmer, um darüber nachzudenken. Manchmal können Menschen wütend werden, und dann versuchen sie, Wege zu finden, sich wieder besser zu fühlen."

Tipp 4
Erstellen Sie ein Notizbuch der Emotionen, in dem Ihr Kind seine Emotionen täglich (oder wöchentlich) eintragen kann. Sie können auch eine Tabelle der Emotionen (mit Smileys) erstellen und diese zum Beispiel an den Kühlschrank kleben. So haben Sie regelmäßig einen Anlass, mit Ihrem Kind über seine Emotionen zu sprechen, und fördern damit die Wahrnehmung und den Ausdruck seiner Gefühle. So könnte eine Emotionstabelle aussehen:

Wie fühlst du dich heute?		
Glücklich ☺	Wütend	Traurig ☹
Enttäuscht	Ängstlich	Überrascht
Besorgt/nervös	Beschämt	Stolz

Abbildung 4-4: Emotionstabelle

4.4 Literatur

1. Rose-Krasnor, L. (1997). The nature of social competence: A theoretical review. *Social Development*, *6* (1), 111–135. https://doi.org/10.1111/j.1467-9507.1997.tb00097.x
2. Hartup, W.W. (1992). Having friends, making friends, and keeping friends: Relationships as educational contexts. *Eric Digest*. Available from https://eric.ed.gov/?id=ed345854
3. Schneider, W. & Hasselhorn, M. (2012). Frühe Kindheit: Soziale Entwicklung. In U. Lindenberger & W. Schneider (Hrsg.), *Entwicklungspsychologie* (S. 187–210). Weinheim: Beltz.
4. Denham, S.A. & Brown, C. (2010). „Plays nice with others“: Social-emotional learning and academic success. *Early Education & Development*, *21* (5), 652–680. https://doi.org/10.1080/10409289.2010.497450
5. Ashiabi, G.S. (2007). Play in the preschool classroom: Its socioemotional significance and the teacher's role in play. *Early Childhood Education Journal*, *35* (2), 199–207. https://doi.org/10.1007/s10643-007-0165-8
6. Mensah, M.K. & Kuranchie, A. (2013). Influence of parenting styles on the social development of children. *Academic Journal of Interdisciplinary Studies*. Advance online publication. https://doi.org/10.5901/ajis.2013.v2n3p123
7. Johnson, C., Ironsmith, M., Snow, C.W. & Poteat, G.M. (2000). Peer acceptance and social adjustment in preschool and kindergarten. *Early Childhood Education Journal*, *27* (4), 207–212.
8. Bornstein, L. & Bornstein, M.H. (2007). Parenting styles and child social development. In R.E. Tremblay, R.G. Barr & R. De.V. Peters (Eds.), *Encyclopedia on early childhood development*. Montreal, Quebec: Centre of Excellence for Early Childhood Development. https://doi.org/10.1016/B978-012370877-9.00118-3

9. Altschul, I., Lee, S. J. & Gershoff, E. T. (2016). Hugs, not hits: Warmth and spanking as predictors of child social competence. *Journal of Marriage and Family, 78* (3), 695–714. https://doi.org/10.1111/jomf.12306
10. Damon, W. (1999). The moral development of children. *Scientific American, 281* (2), 72–78. https://doi.org/10.1038/scientificamerican0899-72
11. Denham, S. A., Blair, K. A., DeMulder, E., Levitas, J., Sawyer, K., Auerbach-Major, S. & Queenan, P. (2003). Preschool emotional competence: Pathway to social competence?. *Child Development, 74* (1), 238–256. https://doi.org/10.1111/1467-8624.00533
12. Killen, M. & Smetana, J. G. (2013). *Handbook of moral development.* New York, NY: Psychology Press. https://doi.org/10.4324/9780203581957
13. Smetana, J. G. (1999). The role of parents in moral development: A social domain analysis. *Journal of Moral Education, 28* (3), 311–321. https://doi.org/10.1080/030572499103106
14. Paulus, M. & Moore, C. (2012). Producing and understanding prosocial actions in early childhood. *Advances in Child Development and Behavior, 42*, 271–305. https://doi.org/10.1016/B978-0-12-394388-0.00008-3
15. Dunn, J., Brown, J., Slomkowski, C., Tesla, C. & Youngblade, L. (1991). Young children's understanding of other people's feelings and beliefs: Individual differences and their antecedents. *Child Development, 62* (6), 1352–1366. https://doi.org/10.2307/1130811
16. Malti, T. & Ongley, S. F. (2014). The development of moral emotions and moral reasoning. In M. Killen & J. G. Smetana (Eds.), *Handbook of moral development* (2nd ed., pp. 163–183). New York, NY: Psychology Press.
17. Eisenberg, N., Guthrie, I. K., Murphy, B. C., Shepard, S. A., Cumberland, A. & Carlo, G. (1999). Consistency and development of prosocial dispositions: A longitudinal study. *Child Development, 70* (6), 1360–1372. https://doi.org/10.1111/1467-8624.00100
18. Izard, C., Fantauzzo, C., Castle, J., Haynes, M., Rayias, M. & Putnman, P. (1995). The ontogeny and significance of infants' facial expressions in the first 9 months of life. *Developmental Psychology, 31* (6), 997–1013. https://doi.org/10.1037/0012-1649.31.6.997
19. Denham, S., Mason, T., Caverly, S., Schmidt, M., Hackney, R., Caswell, C. & DeMulder, E. (2001). Preschoolers at play: Co-socialisers of emotional and social competence. *International Journal of Behavioral Development, 25* (4), 290–301. https://doi.org/10.1080/016502501143000067
20. McWayne, C., Hampton, V., Fantuzzo, J., Cohen, H. L. & Sekino, Y. (2004). A multivariate examination of parent involvement and the social and academic competencies of urban kindergarten children. *Psychology in the Schools, 41* (3), 363–377. https://doi.org/10.1002/pits.10163
21. Meyer, S., Raikes, H. A., Virmani, E. A., Waters, S. & Thompson, R. A. (2014). Parent emotion representations and the socialization of emotion regulation in the family. *International Journal of Behavioral Development, 38* (2), 164–173. https://doi.org/10.1177/0165025413519014
22. Dimitrova, V. & Lüdmann, M. (2014). *Sozial-emotionale Kompetenzentwicklung: Leitlinien der Entfaltung der emotionalen Welt. Essentials.* Wiesbaden: Springer VS. https://doi.org/10.1007/978-3-658-04759-7
23. Saarni, C. (1999). *The development of emotional competence. The Guilford series on social and emotional development* (2nd ed.). New York: Guilford Press. Available from http://www.loc.gov/catdir/bios/guilford051/98039676.html
24. Denham, S. A., Blair, K. A., DeMulder, E., Levitas, J., Sawyer, K., Auerbach-Major, S. & Queenan, P. (2003). Preschool emotional competence: Pathway to social competence? *Child Development, 74* (1), 238–256. https://doi.org/10.1111/1467-8624.00533
25. Dunn, J. (1994). Understanding others and the social world: Current issues in developmental research and their relation to preschool experiences and practice. *Journal of Applied Developmental Psychology, 15* (4), 571–583. https://doi.org/10.1016/0193-3973(94)90023-X

26. Barnet, A.B. & Barnet, R.J. (1998). *The youngest minds: Parenting and genes in the development of intellect and emotion*. New York, NY: Simon & Schuster.
27. Caron, R.F., Caron, A.J. & Myers, R.S. (1982). Abstraction of invariant face expressions in infancy. *Child Development*, *53* (4), 1008–1015. https://doi.org/10.2307/1129141
28. Denham, S.A. (1998). *Emotional development in young children. Guilford series on social and emotional development*. New York, NY: Guilford Press.
29. Landry, S.H. (2014). The role of parents in early childhood learning. In R.E. Tremblay, M. Boivin & R.D. Peters, (Eds.), *Encyclopedia on early childhood development*. Available from https://www.child-encyclopedia.com/parenting-skills/according-experts/role-parents-early-childhood-learning

5
Persönlichkeitsentwicklung

5.1 Persönlichkeitsentwicklung und Temperament

Das Wichtigste in Kürze

Jedes Kind ist anders, und Kinder zeigen unterschiedliche Eigenschaften, die schon bald nach der Geburt sichtbar werden. Wahrscheinlich ist Ihnen auch schon aufgefallen, dass einige Kinder unbekümmerter sind als andere oder vielleicht empfindlicher, einige reagieren sehr emotional, andere eher ruhig, einige haben öfter gute Laune und sind vielleicht auch energiegeladener als andere Kinder. Diese Unterschiede sind Teil der kindlichen Persönlichkeit oder auch ihres Temperaments.

„Persönlichkeit" und „Temperament" sind eng verwandte Begriffe. Temperament beschreibt die inneren Eigenschaften, die genetisch vererbt und nicht erlernt sind. Das Temperament bestimmt, wie sich Kinder im Alltag benehmen, wie sie sich ausdrücken und ihre Emotionen steuern. Kinder interpretieren in Abhängigkeit ihres Temperaments auch ihre Umgebung auf ihre eigene Art und Weise. Zuletzt bestimmt ihr Temperament, wie Kinder mit anderen in Kontakt treten und auf sie reagieren. Auch hier spielen biologische und familiäre Einflüsse eine große Rolle [1, 2, 3].

Abbildung 5-1: Manch anfängliche Schüchternheit lässt sich schnell überwinden

Stellen Sie sich beispielsweise eine Geburtstagsfeier vor. Hier werden Sie Kinder erleben, die schüchtern sind und zögern werden, mit anderen Kindern zu interagieren. Diese Kinder brauchen häufig mehr Zeit, um sich anzupassen, und benötigen etwas Ermutigung, um mit den anderen Kindern zu spielen. Sie werden aber gleichzeitig auch Kinder bemerken, die schnell direkt mit anderen in Kontakt treten und sofort mit anderen Kindern zu spielen beginnen, sobald sie auf der Feier ankommen.

Persönlichkeit hängt eng mit Temperament zusammen: Wie Kinder fühlen, denken, handeln, wird auch von ihrer Persönlichkeit bestimmt. Die Persönlichkeit entwickelt sich über eine längere Zeit und wird dabei geformt durch Umweltfaktoren wie die Erziehung, Sozialisation und die Familienstruktur [4, 5]. Wenn Sie als Eltern Ihr Kind beispielsweise regelmäßig mit zum Sport nehmen, etwa zum Radfahren oder Klettern, könnte dies den Lebensstil und die Persönlichkeitsentwicklung Ihres Kindes beeinflussen. Im Laufe der Zeit können solche Gewohnheiten auch dazu führen, dass Ihr Kind aktiver und energetischer wird.

Die Beziehung der Kinder mit Gleichaltrigen spielt eine wichtige Rolle für die Persönlichkeitsentwicklung. Während der täglichen sozialen Interaktionen mit anderen Kindern im Kindergarten lernt Ihr Kind vielfältige wertvolle und überdauernde soziale Fähigkeiten wie Teilen, Kompromisse eingehen und mit Konflikten umgehen. Diese sozialen Erfahrungen beeinflussen die Persönlichkeit und bilden die Grundlage für späteres Verhalten in sozialen Situationen [6, 7, 8].

Ein weiterer wichtiger Aspekt ist die Eltern-Kind-Beziehung. Hierbei stärkt ein Gefühl von Sicherheit, Unterstützung und Führung das Selbstbewusstsein der Kinder und hilft ihnen dabei, bedeutende soziale und emotionale Fähigkeiten zu erwerben, welche zu einer positiven Persönlichkeitsentwicklung beitragen. Im folgenden Teil werden wir noch detaillierter auf Persönlichkeitseigenschaften, Eltern-Kind-Interaktionen und soziale Erfahrungen eingehen [9, 10].

Der wissenschaftliche Hintergrund

In den vergangenen Jahren entwickelten Psychologinnen und Psychologen Modelle zu Persönlichkeit und Temperament, um Unterschiede zwischen einzelnen Menschen identifizieren und kategorisieren zu können. Ein berühmtes Persönlichkeitsmodell nennt sich „Big-Five-Modell“ [11]. In diesem Modell werden fünf Persönlichkeitseigenschaften unterschieden: Verträglichkeit, Gewissenhaftigkeit, Extraversion oder Geselligkeit, Neurotizismus oder Verletzlichkeit und Offenheit für Neues. Diese Begriffe klingen vielleicht etwas kompliziert, aber einfach ausgedrückt beschreibt

- *Verträglichkeit* die Bereitschaft, kooperativ und rücksichtsvoll zu handeln;
- *Gewissenhaftigkeit* zielorientiertes und ausdauerndes Handeln;

- *Extraversion* sozial selbstbewusst und enthusiastisch zu sein;
- *Neurotizismus* Ängstlichkeit oder emotionale Sensitivität und
- *Aufgeschlossenheit* neugierig und kreativ zu sein.

Jo Ann A. Abe führte eine neunjährige Langzeitstudie durch, um zu verstehen, wie sich die Persönlichkeit im Laufe der Zeit von der frühen Kindheit bis zum Jugendalter verändert [12]. Die Forscherin stellte hierbei fest, dass die Persönlichkeitseigenschaften, die im Vorschulalter auftraten, auch während der Jugendzeit beobachtet werden konnten und sich somit fortsetzten.

Persönlichkeitseigenschaften im Laufe des Lebens

Sind unsere Persönlichkeitseigenschaften über unser ganzes Leben hinweg stabil? Zeigen also Kinder weiterhin die gleichen Charaktereigenschaften, wenn sie älter werden? Jo Ann A. Abe nutzte eines der wichtigsten Modelle der Psychologie, das Big-Five-Persönlichkeitsmodell (siehe oben), um die Persönlichkeitsentwicklung über die Zeit hinweg verstehen und vorhersagen zu können [12]. Sie bat Mütter von Kindern im Alter von ca. dreieinhalb Jahren, anhand eines Fragebogens die Persönlichkeitseigenschaften ihrer Kinder einzuschätzen. Als die Kinder fünf Jahre alt waren, beobachteten Forschende das Verhalten der Kinder während des Spielens mit deren Müttern. Hierbei untersuchten sie, 1) wie sozial die Kinder waren und 2) inwieweit sie körperliche Nähe zu ihren Müttern suchten oder ob sie ängstlich wurden. Zusätzlich wurden ihre Neugier, ihre Vorstellungskraft und weitere Verhaltensmaße erfasst. Nach sieben Jahren (als die Kinder etwa zwölf Jahre alt waren) schätzten die Mütter abermals anhand eines Fragebogens ihre Kinder ein. Außerdem füllten die Kinder ebenfalls einen Persönlichkeitsfragebogen aus.

Tatsächlich passten die Einschätzungen der Mütter zu ihren fünfjährigen Kindern sehr gut zu denen im Jugendalter. Jo Ann A. Abe schließt daraus, dass sich Persönlichkeitseigenschaften schon in sehr jungen Jahren entwickeln (mit ca. dreieinhalb Jahren) und eine wichtige Rolle für die späteren Lebensphasen der Kinder (wie etwa die Jugendzeit) spielen.

Andere Forschungsgruppen nahmen an, dass die Umgebung eine wichtige Rolle für das kindliche Temperament und die kindliche Persönlichkeit spielt. Vor allem die Interaktion der Eltern mit den Kindern stellt einen relevanten Faktor während ihrer Persönlichkeitsentwicklung dar. Der Einfluss auf die Persönlichkeit hängt dabei von der „Passung" ab, also davon, wie gut die Kinder mit der sie umgebenden Umwelt und dem Lebensstil ihrer Eltern zusammenpassen. Wenn Eltern die Persönlichkeitseigenschaften und das Temperament ihrer Kinder schon in jungen Jahren erkennen, können sie eventuell leichter passende Strategien und Umgangsformen entwickeln, die eine gesunde Persönlichkeitsentwicklung ihrer Kinder unterstützen.

Wieso sind manche Kinder weniger an sozialen Interaktionen interessiert als andere Gleichaltrige? In der LOGIK-Studie wurden drei Persönlichkeitseigenschaften von Kindern untersucht [13, 14, 15]: Schüchternheit, soziale Kompetenzen im Umgang mit Gleichaltrigen und Aggressivität. Die Forschenden entdeckten, dass sozial zurückgezogene Kinder noch weiter unterschieden werden können: So gab es bei den zurückgezogenen Kindern solche, die wenig sozial waren, schüchterne Kinder und auch vermeidende Kinder.

Außerdem erwiesen sich individuelle Verhaltensunterschiede in sozialen Situationen als relativ instabil und waren zudem von den sich entwickelnden Beziehungen der Kinder beeinflusst. Das bedeutet, dass die sozialen Situationen, in denen die Kinder waren (z. B. der Kindergartenbesuch) und die Beziehungen innerhalb dieser sozialen Situation (z. B. zwischen den Kindern und mit den Erziehenden) wichtiger für das individuelle Verhalten der Kinder waren (z. B. andere Kinder zu vermeiden) als ihre eigene Persönlichkeit.

Sozialen Aspekte der Persönlichkeitsentwicklung

In der längsschnittlichen LOGIK-Studie untersuchte Jens Asendorpf die sozialen Aspekte der Persönlichkeitsentwicklung, mit besonderem Augenmerk auf die Entwicklung von Schüchternheit [13, 14, 15]. Die Studie lief über viele Jahre, und es wurden viele verschiedene Forschungsmethoden wie beispielsweise Gesamturteile, Beobachter- und Selbstbewertungen und projektive Tests verwendet. Asendorpf und sein Team fanden heraus, dass sowohl eine frühe „Angst vor Fremden" als auch eine „Angst vor sozialen Bewertungen durch andere" zu schüchternem Verhalten in sozialen Situationen von Kindern beitragen.

Andererseits scheinen die individuellen Unterschiede in der Schüchternheit insgesamt eher instabil und abhängig von der spezifischen Situation zu sein, in der sich ein Kind befindet. Zudem sind diese Unterschiede mit kritischen Lebensereignissen der Kinder verbunden wie beispielsweise einem Schulwechsel, Umzug oder der Scheidung der Eltern. Außerdem weisen die Forschenden darauf hin, dass sich die Verhaltensmuster von schüchternen Kindern ändern, wenn sie älter werden: Jüngere Kinder mit ca. vier Jahren verhalten sich Fremden gegenüber zwiespältig und vermeiden jeden Kontakt in einem Moment und suchen Kontakt im nächsten, während ältere Kinder sich häufig zu ruhigem Spielen alleine zurückziehen.

Eine weitere wichtige Frage ist, wieso Kinder sich überhaupt voneinander unterscheiden. Warum haben wir alle einzigartige Charaktereigenschaften? Auch dies lässt sich auf unsere Persönlichkeitsentwicklung zurückführen. Nach Ansicht von Thompson, Winer und Goodvin existieren drei Stufen der Persönlichkeitsentwicklung, die zu diesen Unterschieden führen [16].

Die erste Stufe beginnt mit den inneren beziehungsweise vererbten Charaktereigenschaften der Kinder, also ihrem Temperament. Die zweite Stufe betrifft kindliche Emotionen und die emotionale Entwicklung. Diese Stufe beinhaltet, wie Kinder ihre Emotionen verstehen, ausdrücken und steuern können. Die dritte Stufe bezieht sich auf das „Selbst". Auf dieser Stufe beginnen Kinder, Ähnlichkeiten und Unterschiede zwischen anderen Menschen und sich selbst festzustellen, und sie werden sich ihrer eigenen einzigartigen Charaktereigenschaften bewusst.

Temperament, Emotionen und das „Selbst"

Thompson, Winer und Goodvin untersuchten die drei Stufen, die eine wichtige Rollen bei der Persönlichkeitsentwicklung spielen: Temperament, Emotionen und das „Selbst" [16]. Temperament ist biologisch vererbt. Manche Kinder sind zum Beispiel von Geburt an ruhig und schüchtern, andere aktiv, gesprächig und sozial. Dies gibt jedem Kind von Beginn an einzigartige Charaktereigenschaften und beeinflusst die weitere Entwicklung seiner sozialen, emotionalen und weiteren Fähigkeiten. Abhängig von ihrem Temperament entwickeln sich beispielsweise die Bindung zu den Eltern, die Geselligkeit und Anpassungsfähigkeiten an neue Situationen der Kinder ganz unterschiedlich.

„Emotionen" bezieht den sich auf den Ausdruck und die Steuerung von Emotionen sowie darauf, die eigenen Emotionen und die anderer Menschen zu verstehen. Emotionen tragen zur Persönlichkeitsentwicklung mit jeder neuen emotionalen Erfahrung und in jeder Entwicklungsphase bei. Sie sind durch kulturelle Überzeugungen zu Emotionen und die elterlichen Reaktionen auf die Emotionen ihrer Kinder geprägt.

„Das Selbst", die Wahrnehmung des Ich, ist ein weiterer essenzieller Bestandteil für die Persönlichkeitsentwicklung. Im Kindergartenalter stützen sich Kinder auf beobachtbare Eigenschaften in ihrer Selbstbeschreibung. Zum Beispiel: „Ich kann bis hundert zählen!", „Ich kann sehr hoch springen!". Sie beginnen, ihre eigenen körperlichen und psychischen Charaktereigenschaften zu verstehen. Später fangen sie an, ihre Selbstbeschreibungen an ihren Alltag und die Beziehungen, die sie haben, anzupassen, und verwenden abstraktere Selbstbeschreibungen (z. B. „Ich bin beliebt" anstatt „Ich habe fünf Freunde"). Diese Selbsteinschätzungen prägen dann auch ihre weitere Persönlichkeitsentwicklung.

Tipps zu Persönlichkeitsentwicklung und Temperament

Tipp 1

Versuchen Sie, eine gute Zuhörerin oder ein guter Zuhörer zu sein: Kinder fühlen sich selbstbewusster und sicherer, wenn Sie ihren Geschichten und Erzählungen genau zuhören und ihnen Ihre Aufmerksamkeit schenken. Es ist gut möglich, dass die Kinder dann dieses Verhalten auch nachahmen und selbst gute Zuhörerinnen und Zuhörer werden.

Tipp 2
Vermeiden Sie – soweit möglich - Vergleiche: Vergleichen Sie Ihr Kind nicht mit anderen Kindern und seinen Geschwistern. Führen Sie also nicht das Verhalten anderer Kinder als gute Beispiele an. Solche Vergleiche können dazu führen, dass sich Ihr Kind für nicht gut genug hält und zurückgesetzt fühlt. Dies kann zu einem geringen Selbstwertgefühl und somit auch zu Problemen in der Identitätsentwicklung führen.

Tipp 3
Leben Sie positives soziales Verhalten vor: Kinder ahmen das Verhalten ihrer Eltern nach und zeigen normalerweise sehr ähnliche Verhaltensweisen. Sie lernen also das, was sie sehen, und imitieren es. Diese Nachahmung passiert teils bewusst und teils unbewusst. Ihr positives Sozialverhalten wie beispielsweise anderen zu helfen, mit anderen zu teilen oder sich zu entschuldigen, kann Ihr Kind dazu ermutigen, es Ihnen gleichzutun, und so zu einer positiven Persönlichkeitsentwicklung beitragen.

Tipp 4
Übertragen Sie Ihrem Kind Verantwortung und loben Sie es: Wenn Sie Ihrem Kind einige einfache verantwortungsvolle Aufgaben geben, wie beispielsweise den Tisch zu decken oder die Spielsachen aufzuräumen, kann dies dazu führen, dass Ihr Kind Verantwortungsbewusstsein entwickelt. Dieses Verantwortungsgefühl kann sich dann auch auf zukünftige Aufgaben auswirken. Wichtig ist dabei, dass Sie nicht vergessen, Ihr Kind nach getaner Aufgabe zu loben, sodass es stolz auf sich sein kann.

5.2 Selbstbewusstsein und Selbstwertgefühl

Das Wichtigste in Kürze

Wenn man Eltern fragt, was sie sich für ihre Kinder wünschen, wird eine Antwort mit Abstand am häufigsten genannt: Glück und Zufriedenheit [17]. Doch Glück und Zufriedenheit kann man weder kaufen noch lehren. Was kann man also seinen Kindern mitgeben, um sie zu starken, glücklichen und zufriedenen Menschen zu erziehen?

Diese Frage ist gar nicht so einfach zu beantworten. Unsere Zufriedenheit im Erwachsenenalter hängt von vielen verschiedenen Faktoren ab, und nicht alle davon können wir selbst steuern. Umso wichtiger ist es daher, das richtige „Rüstzeug" dabeizuhaben, um Schwierigkeiten im Leben zu meistern und Widerstände zu überwinden. Das eigene Selbstwertgefühl ist hierbei von großer Bedeutung für die persönliche Zufriedenheit [18, 19].

Unter dem Begriff „Selbstwertgefühl" versteht man eine grundlegende Bewertung des Selbst und die Gefühle, die dadurch entstehen [20]. Es beeinflusst unser Gefühl von Wohlbefinden und unsere Kompetenzeinschätzung und damit auch wie-

Abbildung 5-2: Neue Herausforderungen lassen sich überall finden

derum unser Verhalten, zum Beispiel, wie wir uns selbst nach außen darstellen [19, 21]. Ganz allgemein kann man sagen, dass Kinder mit einem hohen Selbstwertgefühl sich selbst so akzeptieren, wie sie sind, sich wertvoll und geliebt fühlen und auf dieser Basis meist fröhlich und hoffnungsvoll ihr Leben gestalten [19].

Die frühe Entwicklung des Selbstwertgefühls von Kindern wird ganz besonders durch die Erziehung durch die Eltern geprägt [22, 23]. Wichtig sind dabei vor allem die Anerkennung und Unterstützung, die Kinder von den Menschen um sie herum erhalten. Dies bedeutet aber nicht, dass man Kinder stets mit Lob überschütten sollte, egal, was sie gerade tun. Ein positives Selbstwertgefühl bildet sich vielmehr gemeinsam mit der eigenen Entwicklung heraus. Hierfür ist es besonders hilfreich, wenn Kinder neue Herausforderungen meistern und daran wachsen können. Das Scheitern zählt dabei auch ganz selbstverständlich mit dazu [19, 21].

Im Folgenden schauen wir uns nun genauer an, was das Selbstwertgefühl von Kindern ausmacht und wie sich dieses entwickelt – aber insbesondere auch, was man machen kann, um das Selbstwertgefühl von Kindern zu stärken.

Der wissenschaftliche Hintergrund

Was genau verstehen wir unter Selbstwertgefühl?

Der Begriff „Selbstwertgefühl“ wird im normalen Sprachgebrauch häufig mit dem noch geläufigeren „Selbstbewusstsein“ gleichgesetzt. Das ist eigentlich nicht ganz richtig: Selbstbewusstsein bedeutet zunächst einmal nur, Dinge über sich zu wissen und sich seiner selbst bewusst zu sein. Das Selbstkonzept beinhaltet darauf aufbauend dann alle Annahmen und Überzeugungen, die Menschen über sich selbst in verschiedenen Lebensbereichen treffen, etwa „Ich bin nicht gut in der Schule“ oder „Ich finde leicht Freunde“ [24, 25]. Das Selbstwertgefühl ist demgegenüber die Bewertung, die wir auf Basis dieser Grundannahmen vornehmen („Ich bin nicht gut in der Schule, deshalb fühle ich mich dumm“ oder „Ich finde leicht Freunde, deshalb bin ich liebenswert“) [vgl. 20, 22].

Natürlich sind diese Zusammenhänge in der Realität nicht so einfach, wie hier dargestellt: Die meisten Grundannahmen und Bewertungen werden nicht bewusst verarbeitet, sondern über lange Jahre gelernt, ohne dass wir dies selbst überhaupt merken. Über die Zeit entsteht so, über alle diese Grundannahmen und Bewertungen in einzelnen Bereichen hinweg, ein Gefühl des eigenen Selbstwerts, der sich idealerweise darin ausdrückt, dass man sich selbst wertvoll und respektiert fühlt und ein Zugehörigkeitsgefühl zu anderen Menschen spüren kann [vgl. 23, 25].

Wie Kinder lernen, ein positives Selbstbild aufzubauen

Deborah Plummer entwickelte 2009 ein Trainingsprogramm, welches Kinder dabei unterstützen soll, sich selbst wertzuschätzen [25]. Sie identifizierte sieben verschiedene miteinander verknüpfte Bereiche, welche für das kindliche Selbstwertgefühl von besonderer Bedeutung sind. Ihre sieben Elemente der Selbstachtung sind:

1) sich selbst kennen: Verständnis für das eigenen Selbst und das eigene Leben haben, und auch Gemeinsamkeiten und Unterschiece zu anderen Menschen wahrnehmen;
2) sich selbst im Umgang mit anderen kennen: Verständnis für die Funktionsweise von Beziehungen und die unterschiedlichen Bedürfnisse und Emotionen verschiedener Menschen entwickeln;
3) sich selbst akzeptieren: die eigenen Stärken, aber auch Fehler annehmen können;
4) seine körperliche Erscheinung annehmen: sich auf die eigenen körperlichen Fähigkeiten verlassen können und das Erscheinungsbild akzeptieren;
5) sich ausdrücken können: nicht nur sich verbal verständigen zu können, sondern auch auf anderen Ebenen (z.B. Mimik, Gestik) und das jeweilige Gegenüber ebenfalls verstehen können;

6) sich selbst vertrauen: Selbstvertrauen entwickeln, um Herausforderungen zu begegnen und zu seinen eigenen Meinungen, Handlungen und Gedanken stehen können;
7) sich des eigenen Selbst bewusst sein: Kontrolle über sich selbst erlangen, die eigenen Möglichkeiten kennen und entsprechende, erreichbare Ziele setzen.

Die Entwicklung in diesen Bereichen in Kindheit und Jugend ist nicht nur für ein positives Selbstbild, sondern auch für die soziale und emotionale Gesundheit wichtig.

Wie entwickelt sich das Selbstwertgefühl?

Das Selbstwertgefühl entwickelt sich bereits im Kleinkindalter und wird stark durch Bindungen und Beziehungen zu anderen Personen in den ersten Lebensjahren geprägt. Zwar gibt es auch genetische Anlagen, die das Selbstwertgefühl beeinflussen, jedoch sind die sozialen Faktoren des Umfelds, wie beispielsweise die Unterstützung und Anerkennung der Eltern, später auch der Altersgenossen und Freunde, besonders wichtig [19, 23].

Die Entwicklung des Selbstwertgefühls in der Kindheit entsteht daher auch in Abhängigkeit vom Erziehungsstil der Eltern [26]. Eltern, die sich anerkennend und interessiert gegenüber ihrem Kind zeigen und dabei unterstützende und doch konsequente Erziehungsmethoden anwenden, haben häufiger Kinder mit einem hohen Selbstwertgefühl [22, 26].

Elterliche Nähe und Wärme für ein besseres Selbstwertgefühl

In ihrer Studie von 2019 untersuchten die beiden Entwicklungspsychologen Martin Pinquart und Dana Christina Gerke, wie stark der Erziehungsstil der Eltern mit der Entwicklung des kindlichen Selbstwerts zusammenhängt [26]. Dazu führten sie eine Meta-Analyse durch: Sie durchsuchten einschlägige Datenbanken zu Studien, welche genau diese Fragestellung bereits untersucht hatten, und integrierten dann deren Ergebnisse in einer neuen Analyse. Auf diese Weise fasst ihre vorliegende Meta-Analyse die Ergebnisse von 116 Studien zusammen.

Hierbei zeigte sich ein positiver Zusammenhang zwischen dem kindlichen Selbstwert und dem sogenannten autoritativen Erziehungsstil, welcher einerseits durch hohe Kontrolle und Konsistenz durch die Eltern bei andererseits gleichzeitig hoher Responsivität gekennzeichnet ist. Bei diesem Erziehungsstil zeigen Eltern ihren Kindern also deutliche Grenzen auf, sind aber gleichzeitig warme und ermutigende Ansprechpartner. Ein negativer Zusammenhang zeigte sich hingegen zwischen dem kindlichen Selbstwert und einem autoritären oder einem vernachlässigenden Erziehungsstil der Eltern. Ein autoritärer Erziehungsstil ist durch hohe Kontrolle und geringe Responsivität gekennzeichnet, ein vernachlässigender Erziehungsstil durch zurückweisende und desinteressierte Eltern.

Diese Zusammenhänge waren über die Betrachtung verschiedener Kulturen hinweg stabil. Darüber hinaus zeigten die Mütter und Väter eines Kindes jeweils vergleichbare Erziehungsstile. Pinquart und Gerke empfehlen, auch auf Basis ihrer vorhergehenden eigenen Forschung zu dem Thema, dass Eltern von Kindern mit einem niedrigen Selbstwertgefühl insbesondere Nähe und Wärme geben sowie häufig das Gespräch mit ihrem Kind suchen sollten.

Das Selbstwertgefühl ist jedoch auch veränderlich [26]. Mit dem Eintritt in die Grundschule wird das bis dahin erlernte Selbstwertgefühl noch einmal ganz neu auf die Probe gestellt [21]. Das ungewohnte Umfeld bietet viele neue Vergleichsmöglichkeiten für Kinder:

Zum einen kommt eine neue soziale Vergleichsgruppe mit den Mitschülern hinzu, welche nun mit dem fortgeschrittenen Alter der Kinder auch ganz anders wahrgenommen wird als noch im Kindergarten. Neu ist auch der Leistungsvergleich in den verschiedenen Schulfächern, und für viele Kinder ist dies mit der Erkenntnis verbunden, nicht in allen Bereichen zu den Besten gehören zu können [21, 23, 25].

Häufig wird hierbei, in der Schule wie auch zu Hause, der Fokus nun zum ersten Mal auch auf Bereiche gelegt, die das Kind nicht so gut kann und in denen eventuell Förderbedarf besteht. Dieser Fokus auf die eigenen Defizite kann für manche Kinder schwierig zu verarbeiten sein und zu einem bereichsspezifischen negativen Selbstbild führen, zum Beispiel: „Für Mathe bin ich vielleicht einfach zu dumm". Damit Kinder kein negatives schulisches Selbstkonzept entwickeln, ist es deshalb wichtig, auch die Stärken und besonderen Fähigkeiten eines Kindes nicht aus dem Blick zu verlieren, damit der Spaß an der Schule bestehen bleibt [21].

Negative Selbstbilder verändern

Die vorangegangene Forschung hat gezeigt, dass sich das Selbstwertgefühl schon von klein auf entwickelt und immer weiter stabilisiert. Ist es denn somit überhaupt möglich, ein negatives Selbstwertgefühl auch wieder zu verändern – und falls ja, welche Herangehensweise eignet sich dazu am besten? Dieser Frage widmeten sich Haney und Durlak bereits 1998 in einer Meta-Analyse [27].

Sie analysierten 116 Interventionsstudien, welche die Förderung des Selbstwertgefühls von Kindern und Jugendlichen untersuchten. Der Großteil dieser Interventionen wurde schulbasiert und in Gruppen durchgeführt. Die untersuchten Kinder waren im Durchschnitt zehn Jahre alt. Jeweils die Hälfte der Interventionen wurde präventiv oder bei Kindern mit bereits vorliegendem Förderbedarf durchgeführt.

Haneys und Durlaks Ergebnisse sind vielversprechend: Sie kommen zu dem Schluss, dass man durch Interventionen das Selbstwertgefühl von Kindern und Jugendlichen signifikant positiv verbessern kann. Dabei ist es wichtig, dass die Intervention sich spezifisch auf den Selbstwert fokussiert (und nicht z.B. auf soziale Kompetenzen im Allge-

meinen). Am meisten profitierten Kinder, welche bereits Anzeichen eines schlechten Selbstwertgefühls zeigten, und darunter vor allem Kinder mit externalisierender Symptomatik, also etwa unruhige, impulsive und aggressive Kinder. Aber auch Kinder mit internalisierender Symptomatik, die sich eher zurückhaltend, ängstlich und traurig zeigten, konnten gut gefördert werden.
In Anbetracht der großen Anzahl an unterschiedlichen Konzepten und Theorien, welche den Interventionen zugrunde lagen, konnten Haney und Durlak keine Überlegenheit eines bestimmten Förderungsansatzes feststellen, aber ganz generell deren Wirksamkeit belegen.

Tipps zu Selbstbewusstsein und Selbstwertgefühl

Tipp 1
Fragen Sie Ihr Kind doch einmal, welches Tier es am liebsten wäre! Ein Tiger, ein Papagei oder vielleicht doch lieber ein Walfisch? Auf diese Art können Sie sehr viel über Ihr Kind erfahren und darüber, wie es sich selbst wahrnimmt oder wie es gerne sein möchte.
Warum möchte es dieses Tier sein? Und wenn es nun dieses Tier sein könnte: Wie fühlt es sich nun? Was möchte es als Erstes machen? Was wären vielleicht Nachteile daran, dieses Tier zu sein?
Malen Sie doch gemeinsam Bilder von dem Tier Ihres Kindes – und vielleicht auch von Ihrem eigenen?

Tipp 2
Sprechen Sie über den Lieblingstag Ihres Kindes [25]!
Lassen Sie sich von Ihrem Kind einen perfekten Tag in allen Einzelheiten beschreiben. Was gibt es zum Frühstück? Welches Wetter ist draußen, und welche Jahreszeit ist es? Was ziehen wir an? Was passiert im Kindergarten, oder gehen wir ganz woanders hin? Sie können Ihr Kind auch anregen, ganz abenteuerliche und fantasievolle Antworten zu geben – so oder so wird Ihr Kind sich auf diese Weise mit seinen eigenen Wünschen und Bedürfnissen auseinandersetzen. Und vielleicht lässt sich das eine oder andere Element eines perfekten Tages auch manchmal in die Realität umsetzen?

Tipp 3
Neue Herausforderungen sind wichtig für ein gutes Selbstwertgefühl [21]: Sie bieten die Möglichkeit, Erfolge zu erlangen und auch Misserfolge zu akzeptieren. Suchen Sie sich doch einmal bewusst eine Beschäftigung, die Ihr Kind gut kann (z. B. puzzeln, klettern, zählen oder ausmalen), und erhöhen Sie ganz bewusst die Schwierigkeit. Können Sie es gemeinsam trotzdem noch schaffen? Geben Sie Ihrem Kind die Möglichkeit, sich selbst auszuprobieren, zu verbessern und stolz auf sich zu sein!

Tipp 4
Für die meisten Kinder ist es eine tolle Erfahrung, wenn sie ihren Eltern bei etwas helfen können. Nehmen Sie sich etwas Zeit und beziehen Sie Ihr Kind in eine Ihrer Aufgaben ein: Ob Sie nun gemeinsam Blumen umtopfen, das Auto putzen oder den Keller ausmisten: Ihr Kind wird stolz darauf sein, neue Fähigkeiten und ein neues Stück Selbstständigkeit zu erwerben!

Tipp 5

Manchmal ist es wichtig für ein Kind, sich die eigenen positiven Eigenschaften, Stärken und Fähigkeiten bewusst zu machen. Was mag Ihr Kind am meisten an sich selbst? Welche Stärken und Fähigkeiten sieht es in sich selbst? Falls Sie Lust haben, halten Sie diese Dinge doch gemeinsam schriftlich fest. Sie können all diese positiven Eigenschaften aufschreiben und zum Beispiel an den Kühlschrank hängen, wo man sie immer gut im Blick hat. So können Sie Ihr Kind immer wieder an all diese tollen Eigenschaften erinnern!

5.3 Literatur

1. Choi, N. & Cho, H.J. (2020). Temperament and home environment characteristics as predictors of young children's learning motivation. *Early Childhood Education Journal, 48* (5), 607–620. https://doi.org/10.1007/s10643-020-01019-7
2. Goldsmith, H.H., Buss, K.A. & Lemery, K.S. (1997). Toddler and childhood temperament: expanded content, stronger genetic evidence, new evidence for the importance of environment. *Developmental Psychology, 33* (6), 891. https://doi.org/10.1037/0012-1649.33.6.891
3. Rhee, S.H., Cosgrove, V.E., Schmitz, S., Haberstick, B.C., Corley, R.C. & Hewitt, J.K. (2007). Early childhood temperament and the covariation between internalizing and externalizing behavior in school-aged children. *Twin Research and Human Genetics, 10* (1), 33–44. https://doi.org/10.1375/twin.10.1.33
4. Hagekull, B. & Bohlin, G. (1998). Preschool temperament and environmental factors related to the five-factor model of personality in middle childhood. *Merrill-Palmer Quarterly*, 194–215.
5. Syed, M. & Seiffge-Krenke, I. (2013). Personality development from adolescence to emerging adulthood: Linking trajectories of ego development to the family context and identity formation. *Journal of Personality and Social Psychology, 104* (2), 371–384. https://doi.org/10.1037/a0030070
6. Eisenberg, N., Cameron, E. & Tryon, K. (1984). Prosocial behavior in the preschool years. In E. Staub, D. Bar-Tal, J. Karylowski & J. Reykowski (Eds.), *Development and maintenance of prosocial behaviour* (pp. 101–115). Boston, MA: Springer.
7. Endedijk, H.M., Cillessen, A.H., Cox, R.F., Bekkering, H. & Hunnius, S. (2015). The role of child characteristics and peer experiences in the development of peer cooperation. *Social Development, 24* (3), 521–540. https://doi.org/10.1111/sode.12106
8. Ramani, G.B. (2012). Influence of a playful, child-directed context on preschool children's peer cooperation. *Merrill-Palmer Quarterly, 58*, 159–190. https://doi.org/10.1353/mpq.2012.0011
9. Lengua, L.J., Gartstein, M.A. & Prinzie, P. (2019). Temperament and personality trait development in the family: Interactions and transactions with parenting from infancy through adolescence. In D.P. McAdams, R.L. Shiner & J.L. Tackett (Eds.), *Handbook of personality development* (pp. 201–220). New York NY: Guilford Press.
10. Wilson, S. & Durbin, C.E. (2012). Dyadic parent-child interaction during early childhood: Contributions of parental and child personality traits. *Journal of Personality, 80* (5), 1313–1338. https://doi.org/10.1111/j.1467-6494.2012.00789.x
11. Goldberg, L.R. (1981). Language and individual differences: The search for universals in personality lexicons. *Journal of Personality and Social Psychology, 59*, 1216–1229.

12. Abe, J. A. (2005). The predictive validity of the Five-Factor Model of personality with preschool age children: A nine year follow-up study. *Journal of Research in Personality, 39,* 423–442. https://doi.org/10.1016/j.jrp.2004.05.002
13. Asendorpf, J. B. (1990). Beyond social withdrawal: Shyness, unsociability, and peer avoidance. *Human Development, 33,* 250–259. https://doi.org/10.1159/000276522
14. Asendorpf, J. B. (1992). Beyond stability: Predicting inter-individual differences in intra-individual change. *European Journal of Personality, 6,* 103–117. https://doi.org/10.1002/per.2410060204
15. Asendorpf, J. B. (1994). The malleability of behavioural inhibition: A study of individual developmental functions. *Developmental Psychology, 30,* 912–919. https://doi.org/10.1037/0012-1649.30.6.912
16. Thompson, R. A., Winer, A. C. & Goodvin, R. (2011). The individual child: Temperament, emotion, self, and personality. In M. H. Bornstein & M. E. Lamb (Eds.), *Developmental science: An advanced textbook* (pp. 427–468). New York, NY: Psychology Press.
17. HSBC. (2017). *Happiness or success? What parents want for their child.* Available from https://theatlas.com/charts/HkaHGvm4-.
18. Harter, S. (1999). *The construction of the self: A developmental perspective.* New York, NY: Guilford Press.
19. Siegler, R., Eisenberg, N., DeLoache, J. & Saffran, J. (2016). Bindung und die Entwicklung des Selbst. In R. Siegler, N. Eisenberg, J. DeLoache, J. Saffran & S. Pauen (Hrsg.), *Entwicklungspsychologie im Kindes- und Jugendalter* (S. 397–438). Heidelberg, Berlin: Springer. https://doi.org/10.1007/978-3-662-47028-2_11
20. Crocker, J. (2001). Self-esteem in adulthood. In N. J. Smelser & P. B. Baltes (Eds.), *International encyclopedia of the social and behavioral sciences* (pp. 13822–13826). New York, NY: Elsevier.
21. Greenspan, S. I. (2008). *Starke Kinder. Die 10 Eigenschaften, die ihr Kind erfolgreich und glücklich machen.* Weinheim: Beltz.
22. Moghaddam, M. F., Atiye, V., Rakhshani, T. & Assareh, M. (2017). Child self-esteem and different parenting styles of mothers: a cross-sectional study. *Archives of Psychiatry and Psychotherapy, 1,* 37–42. https://doi.org/10.12740/APP/68160
23. Samuels, S. C. (1977). *Enhancing self-concept in early childhood. Theory and practice.* New York, NY: Human Sciences Press.
24. Burnett, P. C. (1994). Self-concept and self-esteem in elementary school children. *Psychology in the Schools, 31* (2), 164–171. https://doi.org/10.1002/1520-6807(199404)31:2<164::AID-PITS2310310211>3.0.CO;2-U
25. Plummer, D. (2009). *(Wie) Kinder lernen, sich wertzuschätzen.* Tübingen: dgvt-Verlag.
26. Pinquart, M. & Gerke, D.-C. (2019). Associations of parenting styles with self-esteem in children and adolescents: A meta-analysis. *Journal of Child and Family Studies, 28* (2), 2017–2035. https://doi.org/10.1007/s10826-019-01417-5
27. Haney, P. & Durlak, J. A. (1999). Changing self-esteem in children and adolescents: A meta-analysis review. *Journal of Clinical Child Psychology, 27* (4), 423–433.

6 Weitere frühkindliche Entwicklungsbereiche

6.1 Motorische Entwicklung

Das Wichtigste in Kürze

Kinder lieben es, sich zu bewegen und die Welt um sie herum zu erkunden. Mit jeder Bewegung stärkt Ihr Kind seine Muskeln und verbessert seine motorischen Fähigkeiten. Dabei fällt es schwer, sich eine Aktivität im Alltag eines Kindes vorzustellen, bei der es keine motorischen Fertigkeiten benötigt. Gehen, Essen, Spielen, Hüpfen oder Malen – für all diese Tätigkeiten benötigen Kinder unterschiedliche motorische Fertigkeiten und sammeln gleichzeitig neue Erfahrungen, indem sie diese Aktivitäten ausführen. Bewegungen werden aber nicht nur benötigt, um Spiele zu spielen oder sich fortzubewegen, sondern auch zur Kommunikation eingesetzt, also um sich wortlos anderen Menschen mitzuteilen. Die frühe motorische Entwicklung gibt Kindern somit die Möglichkeit, ihre Umwelt zu entdecken und zu verstehen, und ist Voraussetzung für ein gesundes Aufwachsen [1, 2].

Schon früh zeigen Kinder automatische Bewegungen, die sogenannten Reflexe – bereits Babys zeigen zum Beispiel den Greifreflex. Mit der Zeit übt Ihr Kind immer weitere einzelne Bewegungen, und durch häufige Wiederholungen werden diese zu ganzen Bewegungsabläufen zusammengesetzt [3]. Das Lernen von Bewegungen braucht jedoch Zeit, und vor allem komplexe motorische Handlungen müssen erst geduldig erlernt werden [4, 5]. Vielleicht erinnern Sie sich noch, wie Ihr Kind gelernt hat, alleine zu essen? Während es anfangs noch gefüttert werden musste, lernte es nach und nach, erst mit den Händen und später mit Besteck zu essen – eine wirklich komplexe motorische Handlung!

Um angemessene Aktivitäten zusammen mit Ihrem Kind zu planen, ist es wichtig zu wissen, welche Bewegungen Ihr Kind bereits gut durchführen kann und welche noch nicht so gut [6]. So sind junge Kinder noch nicht sehr geübt darin, ihre Bewegungen vorauszuplanen und ihre Körperhaltung zu Beginn der Bewegung entsprechend anzupassen und zu verändern. Hierfür müssen sie nach und nach erst die nötigen Fähigkeiten und Voraussetzungen entwickeln, wie etwa das Gleichgewicht. Im Folgenden möchten wir Ihnen die Bereiche der Grob-, Fein- und Lokomotorik vorstellen und wie sich deren Entwicklung spielerisch unterstützen lässt.

Der wissenschaftliche Hintergrund

Die motorische Entwicklung beginnt noch vor der Geburt eines Kindes und baut sich in den ersten Lebensjahren immer weiter auf. Die Entwicklung motorischer Fertigkeiten lässt sich zunächst in die Bereiche der „Grobmotorik" und der „Feinmotorik" unterteilen.

Abbildung 6-1:
Mit Seilspringen macht die Förderung der Grobmotorik besonders viel Spaß!

Unter Grobmotorik versteht man die Nutzung größerer Muskeln und Muskelgruppen, die für Ganzkörperbewegungen notwendig sind. Die Entwicklung der grobmotorischen Fähigkeiten erlaubt es Ihrem Kind, zu gehen, zu tanzen, zu springen und auch das Gleichgewicht zu halten.

Einige wichtige Meilensteine im Bereich der grobmotorischen Entwicklung haben wir Ihnen in der folgenden Tabelle zusammengestellt [7, 8].

Wenn Sie die Entwicklung der Grobmotorik Ihres Kindes unterstützen, fördern Sie damit gleichzeitig auch seine allgemeine körperliche Entwicklung: Wissenschaftliche Studien fanden heraus, dass alltägliche körperliche Bewegungen, wie zum Beispiel Tanzen, Ballspiele spielen oder Klettern, wichtig für die motorische Entwicklung von Kindern sind [9, 10, 11].

Tabelle 6-1: Entwicklungsfortschritte in der Grobmotorik

Alter	Entwicklungsfortschritt
3 Jahre	Einen Ball treten und werfen Selbstbewusst rennen, ohne hinzufallen Auf Möbeln klettern Gegenstände vom Boden aufheben Ein Dreirad fahren
4 Jahre	Treppen auf und ab gehen Einen Ball mithilfe des eigenen Körpers fangen Problemlos mit schnellerer Geschwindigkeit laufen Leitern hoch und hinunter klettern
5 Jahre	Einen Ball mit den Händen fangen Gutes Körpergleichgewicht während des Gehens oder Rennens halten Seilhüpfen oder auf einem Fuß hüpfen
6 Jahre	Balanciertes Springen Rhythmisches Bewegen und Tanzen Treppen auf und ab rennen

Alltägliche körperliche Aktivität fördert motorische Fertigkeiten

Abigail Fisher und ihr Forschungsteam untersuchten 2005 die Beziehung zwischen alltäglicher körperlicher Aktivität und grundlegenden motorischen Fertigkeiten von Vorschulkindern [10]. Um die alltägliche körperliche Aktivität der Kinder zu verfolgen, wurden deren Eltern gebeten, am Körper des Kindes ein Gerät anzubringen, das empfindlich gegenüber Bewegungen reagiert: ein sogenanntes Accelerometer. Dieses wurde den Kindern morgens an der Hüfte angebracht und nachts wieder abgenommen. Die Forschenden schätzten die Bewegungsfähigkeiten der Kinder mit fünfzehn verschiedenen Aufgaben ein, beispielsweise Ballübungen oder Sprünge. Sie konnten einen deutlichen Zusammenhang zwischen der alltäglichen körperlichen Aktivität der Kinder und ihrer Bewegungsfähigkeit feststellen: Kinder, die sich mehr bewegten, übertrafen die weniger körperlich aktiven Kinder bei den Bewegungsaufgaben deutlich.

In einer weiteren Studie aus dem Jahr 2008 testeten Williams und Mitarbeitende ebenfalls die Beziehung zwischen Motorik und körperlicher Aktivität von Vorschulkindern [11]. Im Gegensatz zur vorigen Studie erfassten die Forschenden die Qualität der kindlichen Bewegungen und ihre Fähigkeit, Gegenstände zu benutzen. Die Ergebnisse stützen die bereits genannten Zusammenhänge: Kinder mit geringeren ausgeprägten motorischen Fähigkeiten waren körperlich weniger aktiv als Kinder mit besserer Motorik. Daraus lässt sich schlussfolgern, dass es wichtig für die motorische Entwicklung von Kindern ist, im Alltag körperlich aktiv zu sein.

Kinder mit geringen ausgebildeten motorischen Fertigkeiten sind nicht nur im Kindergarten weniger aktiv im Vergleich zu Kindern mit besseren motorischen Fähigkeiten, diese Unterschiede lassen sich sogar bis hin zur Pubertät nachweisen [12]. Auch deshalb sollten Vorschulkinder draußen spielen oder sich an aktiven Bewegungen beteiligen und langes und übermäßiges Sitzen vermeiden.

Als Eltern können Sie also ganz bewusst bewegungsintensive Aktivitäten in Ihre alltäglichen Abläufe zu Hause und draußen integrieren. Dabei hilft es bereits, die tägliche Bewegungsroutine Ihres Kindes zu verbessern, indem Sie etwa spazieren gehen oder Spiele miteinschließen, die körperliche Übungen beinhalten wie zum Beispiel Ballspiele spielen oder sich zu Musik bewegen.

Nach der Grobmotorik kommen wir als Nächstes auf die Feinmotorik zu sprechen. Feinmotorik beinhaltet die Nutzung kleiner Muskeln, die beispielsweise beim Halten eines Stifts, beim Schneiden mit einer Schere oder beim Malen benötigt werden. Mithilfe der Feinmotorik können Kinder den Gebrauch von Gegenständen kontrollieren und diese sinnvoll benutzen. Einige Beispiele für Meilensteine in der feinmotorischen Entwicklung finden Sie in der Tabelle 6-2:

Das Benutzen praktischer Alltagsgegenstände wie etwa Pinzetten hängt mit der Entwicklung der Feinmotorik von Kindern zusammen. Dabei spielen zwei Aspekte eine wichtige Rolle für die Entwicklung der kindlichen Feinmotorik: 1) die Art der feinmotorischen Aktivität mit praktischen Gegenständen und 2) die Weise, wie Kinder bei deren Nutzung angeleitet werden [13].

Tabelle 6-2: Entwicklungsfortschritte in der Feinmotorik [7, 8]

Alter	Entwicklungsfortschritt
3 Jahre	Papier oder weiche Gegenstände mit einer Schere schneiden Zeichnen, Formen und Linien abmalen Benutzen von Kleber, Wachsmalkreiden oder Stiften
4 Jahre	Korrektes Benutzen von Gabeln und Löffeln Lösen einfacher Puzzles Große Knöpfe auf- und zumachen
5 Jahre	Schuhe binden Stifte und Gegenstände korrekt halten Gegenstände korrekt schneiden
6 Jahre	Blöcke stapeln und Konstruktionen bauen Puzzles mit vielen Teilen lösen Scheren korrekt benutzen

Alltagsgegenstände und Feinmotorik

Rule und Stewart baten im Jahr 2002 in ihrem Forschungsprojekt Vorschulkinder, Spielpinzetten, -zangen, -kellen und -löffel, aber auch andere Gegenstände wie eine Box und eine Dose zu benutzen [13]. Die Forschenden wollten herausfinden, wie viele Münzen die Kinder mithilfe der vorgegebenen Materialien aus der Box entnehmen und wie viele Münzen sie anschließend in den Schlitz der Dose werfen konnten. Sie legten fünfzig Münzen auf einem Handtuch vor den Kindern aus und ließen sie das Aufheben, Tragen und Fallenlassen üben. Während der Übungsphase konnten die Kinder bei jedem Durchgang mit verschiedenen Objekten und Spielsachen sowie mit verschiedenen Materialien üben („Nimm die Münzen jetzt einmal mit der Pinzette auf").

Anschließend zeigten Erzieherinnen den Kindern, wie sie die Gegenstände am besten benutzen und die Aufgabe erfüllen konnten. Am Ende der Studie hatten diese Aktivitäten die Feinmotorik der Kinder im Vergleich zu den üblichen Methoden im Kindergarten wie etwa Schneiden oder Malen stark verbessert. Außerdem können diese Aktivitäten leicht zu Hause durchgeführt werden, indem man einfache Gegenstände wie Küchenzangen oder Kellen nutzt.

Feinmotorische Fähigkeiten lassen sich somit ganz leicht in der familiären Lernumwelt üben! So können Kinder etwa beim Kochen und Backen viele verschiedene Gegenstände wie Kellen und Löffel verwenden – je mehr unterschiedliche Gegenstände sie nutzen und mit ihnen spielen, umso besser können Sie auch gleichzeitig die Feinmotorik Ihres Kindes fördern.

Neben der Grob- und Feinmotorik können wir noch eine dritte motorische Fähigkeit unterscheiden: die Lokomotorik. Körperliche Aktivitäten wie Gehen, Springen, Seilspringen oder Hüpfen werden als „lokomotorische Fähigkeiten" bezeichnet. Gute lokomotorische Fähigkeiten erlauben es Kindern, sich in alle Richtungen zu bewegen. Vor allem während der Vorschuljahre ist es für Kinder besonders wichtig, ihre lokomotorischen Fähigkeiten zu verbessern [14, 15].

Stellen Sie sich zum Beispiel vor, Sie wollen mit Ihrem Kind einen Fluss überqueren, indem Sie über Steine laufen. Als Erwachsene schätzen wir die Schwierigkeit leicht ein, treten normalerweise mit einem Fuß auf den einen und mit dem anderen Fuß auf den nächsten Stein und laufen so sicher auf die andere Seite. Für junge Kinder jedoch, die noch nicht so viel Erfahrungen gesammelt haben, ist dieser Vorgang nicht so leicht. Sie planen jeden Schritt einzeln voraus, indem sie die Lücken zwischen den Steinen abschätzen, darauf achten, ob der Stein schief steht und ob vielleicht Wind weht. Genau dieses Beispiel untersuchten drei Forschende in einer wissenschaftlichen Studie [6].

Lokomotorische Fähigkeiten oder: Wie überquere ich einen Fluss?

Cowie, Smith und Braddick fanden 2010 in ihrer Studie heraus, dass Vorschulkinder im Alter zwischen drei und fünf Jahren im Vergleich zu älteren Kindern und Erwachsenen bei einer Aktivität wie dem Überqueren eines Flusses noch nicht imstande sind, ihre Bewegung richtig und zielgerichtet auszuführen und sich selbstbewusst zu bewegen [6].
Im Alter von drei bis fünf Jahren hatten die Kinder zwar schon vielfältige Erfahrungen in der Ausübung lokomotorischer Fähigkeiten durch verschiedene Alltagsaktivitäten gesammelt, allerdings waren sie noch nicht geübt genug darin, diese Fertigkeiten im Alltag immer optimal anzupassen.
Warum genau fällt den drei- bis fünfjährigen Kindern die Flussüberquerung noch so schwer? Dazu gibt es mehrere Erklärungsansätze: Zum einen könnte die Anpassung des Körpers, die erforderlich ist, um sich in solchen Situationen zu bewegen, noch zu schwierig für die Kinder sein. Auch könnte es den Kindern noch schwerfallen, die Abstände zwischen den Steinen korrekt zu erfassen. Zu guter Letzt könnte auch das Selbstbewusstsein der Kinder eine Rolle spielen: Durch fehlende Voraussicht werden die Kinder in ihren Bewegungsabläufen zögerlich und unsicher.

Je älter Kinder werden, desto geübter werden sie in der Planung und Ausführung solch lokomotorischer Bewegungen. In den Vorschuljahren gelingt dies aber nicht immer. Eltern benötigen daher – wie stets – eine gute Portion Rücksichtnahme und Geduld, um ihr Kind in der motorischen Entwicklung zu unterstützen.

Tipps zur motorischen Entwicklung

Tipp 1
Wie können Sie die Entwicklung der Grobmotorik Ihres Kindes unterstützen? Bewegen Sie sich gemeinsam! Planen Sie bestimmte Tätigkeiten während des Tages ein, zum Beispiel zusammen spazieren gehen oder Sport treiben. Gehen Sie zum Klettern, Schwimmen oder Tanzen. Spielen Sie einfache Ballspiele, die grobmotorische Bewegungen beinhalten, mit verschiedenen Bällen wie Fuß-, Gummi- oder Tischtennisbällen. Sie können auch regelmäßige Eltern-Kind-Sportgruppen besuchen. Wenn Sie selbst Interesse an körperlichen Aktivitäten zeigen, motivieren Sie Ihr Kind noch mehr!

Tipp 2
Wie können Sie die Entwicklung der Feinmotorik Ihres Kindes unterstützen? Zunächst können Sie Ihr Kind beobachten und seine Entwicklung im Vergleich zu den Entwicklungsfortschritten in der Tabelle einschätzen. Welche Tätigkeiten kann Ihr Kind bereits ausführen, und was ist noch zu schwierig? Geben Sie Ihrem Kind passende Gegenstände an die Hand, um die Entwicklung der Feinmotorik zu unterstützen. Lösen Sie gemeinsam Puzzles. Arbeiten Sie zusammen daran, Hosen oder Jacken auf- und zuzuknöpfen. Malen und schneiden Sie zusammen einfache Formen (z.B. Kreise). Basteln, zeichnen, malen oder kleben Sie Dinge.

Tipp 3
Legen Sie ein Aktivitätentagebuch an, in dem Sie alle gemeinsamen körperlichen Aktivitäten mit Ihrem Kind festhalten, oder legen Sie eines für Ihr Kind alleine an. Machen Sie ein Foto von körperlichen Aktivitäten und stellen Sie ein Fotoalbum für jeden Monat oder jedes Jahr zusammen. Reden Sie mit Ihrem Kind über die Aktivitäten, die es am liebsten mag, und machen Sie zusammen Pläne, sodass Ihr Kind diese Aktivitäten auch regelmäßig durchführen kann. Unternehmen Sie Wanderausflüge und ermuntern Sie auch andere Familien mit ihren Kindern zur Teilnahme.

Tipp 4
Probieren Sie Bewegungsspiele zu Hause aus: Malen Sie Linien auf den Boden oder nutzen Sie Wolle oder Klebstreifen, um Markierungen auf dem Boden anzubringen. Bitten Sie dann Ihr Kind, dem vorgegebenen Weg zu folgen. Sie können auch weitere Hindernisse einbauen und die Schwierigkeit langsam erhöhen, indem Sie immer kompliziertere oder längere Wege anlegen. Spielen Sie Spiele wie Fußball oder Basketball, bei denen Ihr Kind viel läuft und seine Ausdauer trainiert. Ermutigen Sie Ihr Kind, zu springen und zu hüpfen, gerne auch auf einem Bein. Lassen Sie Ihr Kind galoppieren oder versuchen, Seil zu springen. Legen Sie ein Lied auf und springen und tanzen Sie gemeinsam mit Ihrem Kind!

6.2 Musikalische Fähigkeiten

Das Wichtigste in Kürze

Musik ist etwas Schönes! Ganz gleich, welche Musikrichtung Ihren Geschmack am meisten trifft, ob es klassisch oder rockig sein darf oder Sie am liebsten einfach das Radio einschalten: Musik kann unsere Stimmung heben und Freude bereiten. Sicher haben Sie das auch schon bei Ihrem Kind bemerkt: Kinder reagieren schon sehr früh auf musikalische Eindrücke – es gibt sogar Studien, die belegen, dass Kinder bereits im Mutterleib eine Vorliebe für bestimmte Musikrichtungen haben [16]. Die meisten Babys reagieren am positivsten auf hohe und warme Töne, wie sie etwa bei Chorgesängen und Flöten auftreten. Schrille Töne durch Streichinstrumente wie Cello und Geige oder laute Rockmusik kommen hingegen meist weniger gut an [16].

Hieraus entwickeln sich dann mit der Zeit individuelle Vorlieben, die auch durch die Reaktionen der Eltern geprägt werden sowie durch positive Gewöhnungseffekte: Vertraute Musik genießen wir meist mehr als neue, ungewohnte Klänge. Es ist also ein ganz natürliches Verhalten, Kindern immer wieder die gleichen Musikstücke vorzuspielen oder die gleichen Wiegenlieder zu singen, wenn Kinder sich das genau so wünschen [16].

Nun kommt Ihr Kind in ein Alter, in dem sich viele Eltern die Frage stellen, ob sie das Interesse von Kindern für Musik vielleicht auch gezielt fördern sollten. Und wenn es um die Vermittlung von musikalischen Fähigkeiten geht, hören bei vielen von uns die schönen Gedanken an die Musik auch schnell wieder auf: Stattdessen kommen Erinnerungen an schiefe Töne im Flötenunterricht, mühevolles Notenlernen und endlos lange Tonleitern.

Aber es muss doch Möglichkeiten geben, musikalische Fähigkeiten zu vermitteln, ohne die Freude an der Musik dabei aus dem Blick zu verlieren. Ab wann sollte man eigentlich damit beginnen, ein Instrument zu lernen, und welches ist besonders für Kinder geeignet? Und sind manche von uns nicht auch einfach unmusikalischer als andere, besteht da überhaupt eine Hoffnung? Diesen und weiteren Fragen möchten wir uns nun auf den kommenden Seiten widmen. Wir wünschen Ihnen viel Spaß beim Lesen so wie auch beim gemeinsamen Singen und Musizieren!

Der wissenschaftliche Hintergrund

Zuerst einmal eine gute Nachricht: In der Forschung und auch in der Allgemeinbevölkerung herrschte lange die Ansicht vor, dass man bereits früh zwischen musikalischen und unmusikalischen Kindern unterscheiden könne, dass es also eine Art angeborene musikalische Begabung gäbe [17]. Auch wenn gewisse genetische Faktoren bei der Entwicklung musikalischer Fähigkeiten eine Rolle spielen, betrachten wir sie heute vielmehr als einen kontinuierlichen Lernprozess, welcher sich bereits von klein auf entwickelt [17, 18]. Ein früher Beginn lohnt sich also! Dabei besteht ein enges Zusammenspiel zwischen der Entwicklung musikalischer Fähigkeiten und der Entwicklung von Sprachverständnis. Beide Kompetenzen werden im Gehirn in verwandten Arealen verarbeitet und lassen sich schon in der frühen Kindheit durch gemeinsames Interagieren und gezielte Förderung im Rahmen der familiären Lernumwelt unterstützen [18, 19].

Jeder kann musizieren: Welche kognitiven Voraussetzungen Kinder dazu benötigen

Johanna Maier-Karius erforschte im Rahmen ihrer Dissertation die Entwicklungsverläufe musikalischer und kognitiver Fähigkeiten bei Kindern zwischen fünf und zehn Jahren [18]. Dabei untersuchte sie insgesamt 119 Kinder, die über keine oder nur wenig Musikerfahrung verfügen.

So wurde erfasst, wie die Kinder Musik wahrnahmen, also ob sie bereits Melodien, Tonhöhen, Rhythmen, Tonlängen und Metren unterscheiden konnten. Außerdem sollten sie Musik reproduzieren, indem sie ein kurzes, unbekanntes Lied nachsangen und rhythmische Muster nachspielten und dazu klatschten und gingen. Weiterhin wurden verschie-

dene kognitive Fähigkeiten der Kinder erfasst, wie etwa frühe Sprachkompetenzen, Gedächtnis, Aufmerksamkeit, sensomotorische Fähigkeiten (also Hand-Auge-Koordination) und visuell-räumliche Verarbeitung.
Die Ergebnisse zeigten für die Altersgruppe der fünf- bis sechsjährigen Kinder, dass einige kognitive Fähigkeiten zu einer besseren Musikwahrnehmung beitrugen, besonders die auditive Aufmerksamkeit und die sensomotorischen Fähigkeiten. Gemeinsam erklärten diese beiden Fähigkeiten 43 % der musikalischen Wahrnehmung von Kindern in dieser Altersgruppe. Die sensomotorischen Fähigkeiten waren auch der größte Prädiktor für die musikalischen Wiedergabeleistungen der fünf- bis sechsjährigen Kinder. Musikalische Fähigkeiten entwickeln sich demnach in Abhängigkeit der weiteren kognitiven Entwicklung von Kindern. Diese Zusammenhänge zeigten sich auch unabhängig von Alter und Geschlecht der Kinder sowie der Bildung und allgemein dem Hintergrund der Eltern.

Eine weitere Analogie zwischen Sprachkompetenzen und musikalischen Fähigkeiten ist die Unterteilung in sogenannte rezeptive und produktive Fähigkeiten. Bei musikalischen Fähigkeiten versteht man unter rezeptiven Kompetenzen die Wahrnehmung und Unterscheidung von Melodie, Intervallen, Rhythmus, Metrum und Tempo [18, 20]. Produktive Kompetenzen sind insbesondere das Singen, aber auch die Wiedergabe von Rhythmus und Metrum, vor allem durch das Spielen von Instrumenten, aber auch durch Klatschen oder andere Bewegungen [18, 21].

Abbildung 6-2: Lasst uns gemeinsam Musik machen!

Die rezeptiven und produktiven Musikfähigkeiten entwickeln sich mit zunehmendem Alter immer weiter. In den ersten vier Lebensjahren herrscht eine spielerische Erprobung der Stimmwerkzeuge und auch aller anderen möglichen körpereigenen und externen Klanginstrumente vor, gefolgt von deren gezielter Veränderung und Beherrschung. Wenn Ihr Kind also fröhlich vor sich hin summt oder auf etwas herumtrommelt, spielt es also schon sein erstes Instrument! Ungefähr ab dem vierten Lebensjahr beginnt dann eine neue Phase der musikalischen Entwicklung, mit der gezielten Gestaltung musikalischen Ausdrucks und einer bewussten Imitation von musikalischen Vorbildern [17].

Studien zeigen, dass Kinder im Alter von fünf bis sechs Jahren besonders motiviert sind, ein Musikinstrument zu lernen [17]. Testen Sie doch einfach einmal verschiedene Musikinstrumente gemeinsam mit Ihrem Kind aus, zum Beispiel bei Freundinnen und Freunden, im Kindergarten oder in einem Musikfachhandel. Die Freude am Klang und am Instrument selbst sollte bei der Auswahl immer im Vordergrund stehen, denn gerade bei einem frühen Beginn kann das Interesse des Kindes auch sehr schnell wieder schwinden. Nur wenn Kinder wirklich Spaß am Lernen haben, werden sie begeistert bei der Sache bleiben [17].

Und es lohnt sich, denn die frühe Beschäftigung mit Musik hat vielfältige positive Auswirkungen auf die Entwicklung Ihres Kindes [22].

Musizieren hat positive Auswirkungen – sogar auf die mathematischen Fähigkeiten!

Susan Hallam fasste in ihrem Forschungsartikel aus dem Jahr 2010 Studien zusammen, welche die Auswirkungen von Musik auf die geistige, persönliche und soziale Entwicklung von Kindern untersuchten [22]. Ganz grundsätzlich lässt sich sagen: Die Beschäftigung mit Musik verändert – über Jahre hinweg betrachtet – unser Gehirn. Je früher, aktiver und regelmäßiger wir uns mit Musik auseinandersetzen, umso deutlicher wird der Anstieg der sogenannten neuronalen Repräsentation, welche für die Verarbeitung von musikalischen Tönen verantwortlich ist. Diese Veränderungen zeigen sich bei Spielern unterschiedlicher Instrumente in verschiedenen Mustern. So haben Streicher eine ausgeprägtere somatosensorische Repräsentation ihrer Fingerbewegungen, Trommlerinnen hingegen zeigen komplexere Gedächtnisspuren für die zeitliche Abfolge von Musiksequenzen.

Die Beschäftigung mit Musik kann darüber hinaus großen Einfluss auf verschiedene Entwicklungsbereiche nehmen. Die von Susan Hallam dargestellten Studien zeigen Zusammenhänge mit Sprach- und Schriftsprachentwicklung, mathematischen Fähigkeiten, Intelligenz, Kreativität, Feinmotorik, Konzentration, Selbstbewusstsein, emotionaler Sensibilität, sozialen Kompetenzen, Teamwork, Selbstdisziplin und Entspannung. Eine riesige Bandbreite an Einflüssen also!

Ein wichtiger Befund, welcher sich über alle dargestellten Studien erstreckt: Die positiven Effekte der Auseinandersetzung mit Musik auf die persönliche und soziale Entwicklung zeigen sich besonders dann, wenn diese als ein freudiges und belohnendes Erlebnis wahrgenommen wird. Der Spaß und die Freude des Kindes an der Musik sollten also immer im Vordergrund stehen.

Wichtig für die Motivation beim Erlernen von Instrumenten sind nicht nur regelmäßiges und intensives Üben, sondern auch das Engagement der Eltern und eine positive Beziehung zum Kind [21, 23]. Hier sind viel Einsatz und Geduld der Eltern gefragt. Zudem gibt es sehr viele unterschiedliche Lehrmethoden, zwischen denen Sie sich entscheiden müssen – und das ist wirklich keine leichte Aufgabe! Die Forscherin Karen Miyamoto verglich dazu einige Lehrmethoden hinsichtlich ihrer Vor- und Nachteile miteinander [21].

Lehrmethoden zur Musikerziehung: Eine schwierige Entscheidung

Karen Miyamoto stellte im Jahr 2007 in einer systematischen Literaturübersicht Forschungserkenntnisse zu Lehr- und Förderungstechniken von musikalischen Fähigkeiten bei Kindern im Vorschulalter zusammen [21]. Hierbei lassen sich einige Lehrmethoden zur Musikerziehung grundsätzlich voneinander unterscheiden, wie etwa die Suzuki-, Kodály-, Orff- und die Yamaha-Methode. Alle Methoden vollständig zu beschreiben, würde hier den Rahmen sprengen. Jedoch zeigen sich in der Forschung einige Vor- und Nachteile der einzelnen Lehransätze, welche Ihnen die Wahl vielleicht etwas erleichtern.

So fördert die Suzuki-Methode zum Erlernen von (Streich-)Instrumenten insbesondere Aufmerksamkeit, Durchhaltevermögen und musikalischen Erfolg. Sie benötigt jedoch auch intensive Betreuung durch Lehrende und idealerweise auch durch die Eltern. Die Kodály-Methode fördert die korrekte Nutzung von Deskriptoren (z.B. laut/leise, schnell/langsam). Die Forschung unterstützt jedoch den zusätzlichen Einsatz der diatonischen Tonleiter zu der pentatonischen Tonleiter, wie sie bei Kodály gelehrt wird. Die traditionelle Orff-Methode fördert Interesse und Freude an rhythmischen Aktivitäten, Singen sowie der klassischen Musik, sie erleichtert schnelle musikalische Erfolge und die Unterscheidung von Rhythmen und Intervallen. Die Yamaha-Methode bietet insbesondere angemessene Geschwindigkeit beim Lernen und eine Vielzahl verschiedener Instruktionen, darüber hinaus fördert sie den Einbezug der Eltern. Weitere Methoden zur Musikerziehung, etwa nach Doflein, Bastien oder die Russische Klavierschule, haben ebenfalls ihre Vor- und Nachteile, zudem gibt es natürlich unzählige Angebote für Onlinekurse und digitale Lernangebote.

Unser Tipp: Informieren Sie sich doch einfach mal, welche Kurse in Ihrer Nähe, etwa bei der Volkshochschule oder an Musikschulen, angeboten werden, und schnuppern Sie am besten einfach mal rein – am Ende geht es vor allem darum, welche Lehrmethode am besten zu Ihrem Kind und Ihrer Familie passt!

Musikalität wird auch zu einem großen Teil in Familien weitergegeben: Kinder interessieren sich mehr für Musik, wenn sie ihre Eltern oder älteren Geschwister Musikinstrumente spielen sehen, und musikalischen Eltern fällt es leichter, die Fähigkeiten wie auch die grundlegende Freude an der Musik ihren Kindern weiterzugeben und die intrinsische Motivation ihrer Kinder zu erhöhen [17, 23]. Doch auch wenn Ihr Kind allen Bemühungen zum Trotz kein Instrument lernen möchte: Selbst als Teenager oder Erwachsener kann man noch beginnen, ein Instrument perfekt spielen zu lernen [23]!

Tipps zu musikalischen Fähigkeiten

Tipp 1

Um Ihrem Kind Freude an der Beschäftigung mit Musik zu vermitteln und die Motivation aufrechtzuerhalten, sind zwei Dinge besonders ausschlaggebend: Erfolgserlebnisse und Vertrauen in die eigenen Fähigkeiten [22].

Helfen Sie Ihrem Kind dabei, indem Sie beim Musizieren und Musik lernen, kleine, erreichbare Ziele setzen, und Ihr Kind stets ermutigen und für seine Fortschritte loben.

Tipp 2

Eigentlich lassen sich doch wirklich alle oder immerhin die meisten Gegenstände als Musikinstrumente verwenden ... Gerade in der Küche finden wir ganz besonders viele geeignete Dinge: Töpfe, Gläser, Kochlöffel – tragen Sie Ihr eigenes Orchester zusammen und üben Sie gemeinsam mit Ihrem Kind ein eigenes Musikstück ein!

Tipp 3

Gemeinsam zu singen ist eine der schönsten Beschäftigungen überhaupt und wird Ihrem Kind viel Spaß machen! Auf Internetplattformen finden Sie viele Videos zum gemeinsamen Karaokesingen mit Kindern. Singen Sie am besten Lieder, die Ihrem Kind bereits bekannt sind. Durch die große Schrift auf dem Bildschirm übt Ihr Kind vielleicht sogar nebenbei ein bisschen lesen!

Alternativ können Sie natürlich auch Liederbücher verwenden oder einen Kinderchor besuchen.

Tipp 4

Sich gemeinsam zu Musik zu bewegen macht ganz besonders Spaß und fördert darüber hinaus die Musikwahrnehmung! Hören Sie zum Beispiel den „Karneval der Tiere" von Camille Saint-Säens und bewegen sich frei dazu. Lassen Sie sich inspirieren von den verschiedenen Tieren, die hier vertont werden, und von deren Bewegungen: Sind Sie so groß und stark wie die Löwen zu Beginn des Liedes? Machen Sie lieber sanfte und fließende Bewegungen wie die Fische? Trippeln Sie wie die Hühner und Hähne? Und wie bewegen sich eigentlich die Schildkröten? Probieren Sie es einfach aus!

6.3 Kreativität

Das Wichtigste in Kürze

Kreativ sein kann jede und jeder. Insbesondere im Kindergartenalter spielt Kreativität eine große Rolle [24]. Wenngleich die Kreativität und Ästhetik als Bildungsbereich in fast allen Kitas und Elternempfehlungen ihren Platz findet, wird das „Kreative" neben den kognitiven Bildungsbereichen in der Förderung häufig eher hintangestellt [25]

Dabei ist Kreativität für die kindliche Entwicklung sehr wichtig! Sie regt uns dazu an, neue Dinge auszuprobieren, die Perspektive zu wechseln oder neue Materialien zu verwenden [26]. Kreativität muss nicht unbedingt im künstlerischen Bereich stattfinden und sich in einem Bild widerspiegeln, sondern kann beispielsweise auch bei einem Tag in der Natur und dem Erstellen eines Waldmandalas aus gesammelten Blättern, Ästen, Blumen und Moos ihren Platz finden, wie es Robson und Rowe 2012 in ihrer Studie feststellen konnten [27].

Wenn Sie Ihr Kind einmal bei seinen alltäglichen Beschäftigungen beobachten, werden Sie feststellen, dass es kreativer ist und einen größeren Sinn für Ästhetik hat

Abbildung 6-3: Kreativität lässt sich fast überall ausleben

als vielleicht zunächst angenommen. Bereits im ersten Lebensjahr bevorzugen Kinder symmetrische Gesichter [28] und hören lieber harmonisch klingende Tonabfolgen [29]. Im zweiten Lebensjahr beginnen Kinder, mit Stiften, Kreide oder anderen Materialien Spuren auf Papier oder Tafeln zu hinterlassen, und zeigen ihre gestalterischen Fähigkeiten, indem sie eigene Kunstwerke kreieren [30].

Kreativität oder kreatives Handeln von Kindern lässt sich beschreiben als eine besondere Art des Denkens und Handelns, durch die sie neue originelle Dinge entstehen lassen, bestehende Ideen erweitern oder Probleme lösen, welche für sie, aber auch für andere Personen von besonderer Bedeutung sind [31].

Kinder sind von Natur aus neugierig: „Wie kommt die Milch in die Tüte?“ und ähnliche Fragen sind typisch für Kinder und bilden eine wichtige Voraussetzung für Kreativität. Kindliche Kreativität kann immer dann beobachtet werden, wenn Kinder die Welt um sich herum kennenlernen möchten, etwas Neues erfahren wollen und dafür viele, viele Fragen stellen. Wichtig ist hierbei divergentes Denken. Hierunter versteht man eine Denkweise, bei der es darum geht, so viele verschiedene Entdeckungen und Erfahrungen wie möglich zu machen, ohne ein konkretes Ziel zu verfolgen [32].

Nach dem Forscher Ken Robinson [33] findet sich diese Art des kreativen Denkens hauptsächlich bei Kindern im frühen Kindesalter, während wir mit zunehmendem Alter, die Fähigkeit, divergent zu denken, eher ablegen. Erwachsenen fällt es häufig schwer, kreativ zu sein, und sie müssen diese Fähigkeit oft erst wieder erlernen.

Der wissenschaftliche Hintergrund

Die Familie bietet einen der wichtigsten Orte für die kindliche Kreativitätsentwicklung [34]. Kreativität entwickelt sich gut in einer stimulierenden Lernumgebung, die Kinder unabhängig erforschen können. Kinder brauchen also die Möglichkeit, sich frei zu entfalten, und dabei Eltern, die ihnen Erklärungen auf ihre vielen Fragen geben, die sich mit ihnen angeregt über verschiedene Themen unterhalten und sie gleichzeitig ermutigen, auch einmal ungewöhnliche Ideen zu verfolgen [35].

Häufig geht Kreativität mit einem sogenannten Flowerlebnis einher, das heißt, dass eine Person völlig in der aktuellen Tätigkeit versunken ist [36]. Dies kann man zum Beispiel daran erkennen, wenn Kinder eine deutlich höhere Motivation und ein deutlich höheres Engagement für spezifische Aktivitäten zeigen. Solche Aktivitäten fordern die Kinder im richtigen Maß heraus und regen sie gleichzeitig an. Manchmal kann man am Blick, den Bewegungen, dem Gesichtsausdruck oder der Stimme eines Kindes erkennen, dass es gerade in einem kreativen Prozess steckt, den wir unterstützen können [32].

Eine andere Art von Kreativität ist das „possibility thinking". Bei dieser Denkweise geht es darum zu fragen; „Was wäre, wenn ...?", und nicht nur danach zu fragen: „Was ist ...?". Es lassen sich acht Verhaltensweisen von Kindern feststellen, die auf ein „possibility thinking" in ihren Aktivitäten hindeuten: Ausgelassenheit, das Eintauchen ins Spiel, Imagination, Innovation, Intentionalität, die Fähigkeit, Fragen zu stellen sowie Risiken einzugehen und selbstbestimmt zu sein [37, 38]. Auch die Forscherinnen Kurcikova und Sakr konnten diese Aspekte in ihrer Studie wiederfinden [39].

Buntstifte, digitale Medien und unterschiedliches Maß an „possibility thinking"

Natalia Kucirkova und Mona Sakr untersuchten in ihrer Studie aus dem Jahr 2015, inwieweit sich das „possibility thinking" von Kindern im Alter von drei Jahren zu Hause verändern lässt [39]. Dazu erfassten sie die Ermutigung zum „possibility thinking" durch den Vater während gemeinsamer kreativer Aktivitäten mit verschiedenen digitalen und nicht digitalen Materialien. Sie nutzten vier verschiedene Materialien: (1) Buntstifte, (2) Bastelmaterialien, (3) die App „OurStory" und (4) „Tuxtpaint", eine Computersoftware.
Über einen Zeitraum von drei Monaten wurde das Studienkind mit seinem Vater jeden Tag bei einer vom Vater initiierten kreativen Aktion videografiert. Diese Videos wurden im Anschluss kodiert und hinsichtlich des „possibility thinking" analysiert.
Die Ergebnisse zeigten, dass die verschiedenen Materialien zu unterschiedlichen Ausprägungen des „possibility thinking" bei dem Kind führten. Beschäftigte sich das Kind mit Collagen, konnte man die Aspekte Innovation und das tiefe Eintauchen in den kreativen Prozess beobachten. Die Buntstifte führten zu einem hohen Maß an Selbstbestimmung und Intentionalität. Die App und auch die Computersoftware förderten die Risikobereitschaft. In den Beobachtungen konnte man auch sehen, dass der Vater unterschiedliche Verhaltensweisen je nach Material zeigte. Dabei unterstützte er das „possibility thinking" am besten, wenn sein Kind mit den analogen Materialien, also Buntstiften und Bastelmaterialien, beschäftigt war.

Sie als Eltern können das „possibility thinking" Ihres Kindes anhand von drei Strategien unterstützen:

1) Nehmen Sie sich selbst zurück.
2) Unterstützen Sie das Lern-Interesse Ihres Kindes.
3) Geben Sie Ihrem Kind Zeit und Raum, um eigenen Aktivitäten, der Neugier und eigenen Fragen nachzugehen.

Das kreative Agieren der Kinder hilft uns zudem, die Interessen unserer Kinder zu entdecken und zu verstehen.

Auch Materialien und Gegenstände spielen eine bedeutsame Rolle für die kreative Entwicklung der Kinder. Die meisten Gegenstände, die wir kennen, haben eine eigentlich vorgesehene Nutzungsweise. Beispielsweise wird mit einem Stuhl „Sitzen“ assoziiert [40]. Allerdings kann man auch kreativ sein und Dinge in einer völlig anderen Weise verwenden. Ein Stuhl bietet noch viele weitere Möglichkeiten! Die Perspektive zu wechseln kann Kindern dabei helfen, verschiedene Gegenstände zu anderen Zwecken zu nutzen und sich kreativ auszuleben [32].

Besonders das kindliche Spiel bietet viel Potenzial, um der Kreativität freien Lauf zu lassen. Spielerische Herangehensweisen an Aufgaben können nicht nur die Motivation der Kinder erhöhen und die Kreativität fördern, sondern regen gleichermaßen die sozialen Fähigkeiten, die körperliche Fitness und die kommunikativen Fähigkeiten der Kinder an [27, 41].

Welche Aktivitäten Ihres Kindes sind förderlich für die Kreativität?

Sue Robson und Victoria Rowe untersuchten in ihrer Studie aus dem Jahr 2012 kreative Prozesse und das kreative Denken von insgesamt dreißig drei- bis vierjährigen Kindern eines Familienzentrums ins England [27]. Sie schauten sich die Aktivitäten der Kinder im Rahmen von 52 durch die Kinder selbst oder durch die pädagogischen Fachkräfte initiierten Situationen an. Für die Analyse dieser Situationen benutzen sie den Leitfaden *Analysing Children's Creative Thinking* (ACCT).
Ihre Ergebnisse zeigten, dass Aktivitäten wie beispielsweise das Handwerken im Garten genauso das kreative Denken und die kreativen Prozesse der Kinder unterstützten wie traditionelle Angebote, die mit Kreativität verbunden werden, wie zum Beispiel Malen oder Basteln. Besonders durch das Spielen, egal ob draußen oder drinnen, wie auch durch Materialien wurden diese Aspekte unterstützt. Die Interaktion mit Erwachsenen spielte eine entscheidende Rolle dabei, die Kinder in ihrem Tun zu bestärken und sie in ihrem Wissen und mit ihren Fragen zu unterstützen. Zudem zeigten die Kinder ein stärkeres Durchhaltevermögen und brachten ihre Tätigkeiten häufiger zu Ende als beim alleinigen Spielen. Es stellte sich jedoch auch heraus, dass die Aktivitäten, die von den Kindern selbst initiiert wurden, zu deutlich mehr Motivation, Involviertheit, Neugier, Originalität und Mut, etwas Neues auszuprobieren, führten als andere Situationen. Diese Aspekte konnten besonders dann beobachtet werden, wenn die Kinder zu zweit oder in einer Gruppe spielten.

Kreativität findet außerdem nicht nur analog, sondern auch digital mittels Computer, Smartphones und Tablets statt [vgl. 42]. Kreative Aspekte im digitalen Raum bieten vor allem die Personalisierung, das Teilen von Inhalten sowie das Verbundensein mit anderen. So können beispielsweise digital viel einfacher Informationen wie Bilder und Videos anderen Nutzerinnen und Nutzern zur Verfügung gestellt werden. Auch bietet der digitale Raum die Möglichkeit, sich selbst zu verwirklichen, ganz unabhängig zu experimentieren und seiner Kreativität keine Grenzen zu setzen [43].

Lernen mit Robotern – neue Ansätze zur Kreativitätsförderung

Das Forschungsteam um Karen Murcia, Coral Pepper und Kolleginnen untersuchte 2020, inwieweit Kinder Kreativität im Spiel mit einem Bienenroboter (*BeeBot*) entwickeln [42]. Sie arbeiteten eng mit den pädagogischen Fachkräften und acht Kindern einer australischen Kindertagesstätte zusammen. Die Lernreise „Willbee braucht ein Zuhause" beinhaltete verschiedene Durchgänge, in denen *BeeBots* und Tablets mit der dazugehörigen *BeeBot*-App gemeinsam mit den Kindern genutzt wurden.
In den ersten fünf Wochen wurde den Kindern gezeigt, wie sie *Willbee* den *Beebot* benutzen konnten. Ab Woche 6 konzentrierte sich die Lernreise auf das Lernen anhand der *BeeBot*-App auf den Tablets. Das Lernen beinhaltete auch naturwissenschaftliche, technische, ästhetische und kreative Bildung sowie Bewegungsangebote.
Dieser Ansatz förderte die kreative Entwicklung der Kinder. Beispielsweise programmierten die Kinder neue Abenteuer für Willbee oder malten in einem der Kreativangebote ein neues Zuhause für ihn. Die Studie zeigt beispielhaft, dass die Unterstützung kreativer Lernprozesse durch den Einsatz von Robotern bei Kindern zur Entwicklung von produktiven Lernstrategien und eigenen kreativen Fähigkeiten führen kann. Zudem zeigt sie, dass kreatives Denken beim Umgang mit neuen Technologien auch für Erziehende wichtig ist, damit sie die Kinder zum selbstständigen kreativen Denken anleiten können.

Aber ganz gleich, ob Kinder Kunstwerke digital oder analog erstellen - es ist auch wichtig, was mit ihrer kreativen Arbeit passiert. So gehört zum kreativen Prozess nicht nur das Erschaffen, sondern auch das Darstellen und Ausstellen dazu. Wir als Erwachsene müssen uns noch viel mehr bewusst machen, wie wichtig es ist, Kinder in die Entscheidung einzubinden, was mit ihren Kunstwerken passieren soll [32].

Suchen Sie in Ihrem Zuhause gemeinsam mit Ihrem Kind doch nach einem Ort, wo immer wieder neue Kunstwerke ausgestellt werden können. Dies kann eine ganze Wand sein oder nur ein wechselnder Bilderrahmen. Auch Ihrer Kreativität sind hier keine Grenzen gesetzt.

Tipps zur Kreativität

Tipp 1

Machen Sie zusammen in einer Gruppe etwas Kreatives, beispielsweise Kneten. Beobachten Sie dabei, wie Ihr Gegenüber es macht. Können Sie andere Strategien bei Ihrem Gegenüber entdecken, die Sie vielleicht noch nicht ausprobiert haben? Entstehen beim gemeinsamen Kneten vielleicht neue Ideen, was man noch alles mit Knete so anstellen kann? Inspiriert Sie das Handeln Ihres Gegenübers auch, etwas Neues auszuprobieren?

Tipp 2
Besitzen Sie viel Fantasie? Ihr Kind hat sie bestimmt! Spielen Sie doch gemeinsam „Was wäre wenn ...?".
Was wäre, wenn wir alle fliegen könnten? ..., wenn wir alle klein wie Schlümpfe wären? ..., wenn wir nur rückwärts gehen würden? ..., wenn alles aus Zuckerwatte wäre?
Lassen Sie ihrer Fantasie freien Lauf!

Tipp 3
Werden Sie gemeinsam mit Ihrem Kind kreativ. Malen Sie ein Bild mit Wasserfarben, Acryl oder Buntstiften. Beim gemeinsamen Malen kann man viel über sich selbst und sein Gegenüber lernen. Bevor Sie beginnen zu malen, überlegen Sie einmal, was Sie über Ihr Kind und seine Interessen wissen. Und überprüfen Sie im Anschluss: Haben Sie etwas Neues über Ihr Kind gelernt, als Sie gemeinsam gemalt haben? Vielleicht etwas über seine Interessen, Ängste, Leidenschaften, alltäglichen Erlebnisse, Freundschaften oder Orte, an denen es gerne ist? Welches Mal- oder Bastelprojekt könnten Sie sich ausdenken, um mehr über Ihr Kind zu erfahren?

Tipp 4
Sich gemeinsam zu bewegen fördert nicht nur die Fitness, sondern auch die Kreativität! Sammeln Sie bei einem Spaziergang viele Dinge, die Sie finden können und die Ihnen gefallen. Dies können zum Beispiel Steine, Moos, Blätter, Kronkorken, Blumen oder andere Dinge sein. Wenn Sie genug Gegenstände gesammelt haben, suchen Sie sich einen Ort, an dem Sie all Ihre Schätze zu einem gemeinsamen Kunstwerk arrangieren können. Vielleicht machen Sie ein Mandala, vielleicht aber auch ein Bild über Ihren Spaziergang oder vielleicht bauen Sie ja sogar eine Skulptur.
Um diese tolle Erinnerung festzuhalten, können Sie am Ende auch noch ein Foto machen und es für Ihr Kind ausdrucken, so kann es sich Ihr Kunstwerk einrahmen oder an die Wand hängen. Viel Spaß!

6.4 Literatur

1. Goodway, J.D. & Branta, C.F. (2003). Influence of a motor skill intervention on fundamental motor skill development of disadvantaged preschool children. *Research Quarterly for Exercise and Sport*, *74* (1), 36–46. https://doi.org/10.1080/02701367.2003.10609062
2. Lee, J., Zhang, T., Chu, T.L. A., Gu, X. & Zhu, P. (2020). Effects of a fundamental motor skill-based afterschool program on children's physical and cognitive health outcomes. *International Journal of Environmental Research and Public Health*, *17* (3), 733. https://doi.org/10.3390/ijerph17030733
3. Logan, S.W., Webster, E.K., Getchell, N., Pfeiffer, K.A. & Robinson, L.E. (2015). Relationship between fundamental motor skill competence and physical activity during childhood and adolescence: A systematic review. *Kinesiology Review*, *4* (4), 416–426. https://doi.org/10.1123/kr.2013-0012

4. Marr, D., Cermak, S., Cohn, E.S. & Henderson, A. (2003). Fine motor activities in Head Start and kindergarten classrooms. *American Journal of Occupational Therapy, 57* (5), 550–557. https://doi.org/10.5014/ajot.57.5.550
5. McHale, K. & Cermak, S.A. (1992). Fine motor activities in elementary school: Preliminary findings and provisional implications for children with fine motor problems. *American Journal of Occupational Therapy, 46* (10), 898–903 https://doi.org/10.5014/ajot.46.10.898
6. Cowie, D., Smith, L. & Braddick, O. (2010). The development of locomotor planning for end-state comfort. *Perception, 39* (5), 661–670. https://doi.org/10.1068/p6343
7. Lally, M. & Valentine-French, S. (2019). *Lifespan development: A Psychological Perspective.* Grayslake, IL: College of Lake County.
8. Shaffer, D.R. & Kipp, K. (2013). *Developmental psychology: Childhood and adolescence*. Belmont: Cengage Learning.
9. Butcher, J.E. & Eaton, W.O. (1989). Gross and fine motor proficiency in preschoolers: Relationships with free play behaviour and activity level. *Journal of Human Movement Studies, 16* (1), 27–36.
10. Fisher, A., Reilly, J.J., Kelly, L.A., Montgomery, C., Williamson, A., Paton, J.Y. & Stan, G. (2005). Fundamental movement skills and habitual physical activity in young children. *Medicine & Science in Sports & Exercise, 37* (4), 684–688. https://doi.org/10.1249/01.MSS.0000159138.48107.7D
11. Williams, H.G., Pfeiffer, K.A., O'Neill, J.R., Dowda, M., McIver, K.L., Brown, W.H. & Pate, R.R. (2008). Motor skill performance and physical activity in preschool children. *Obesity, 16* (6), 1421–1426. https://doi.org/10.1038/oby.2008.214
12. Kantomaa, M.T., Purtsi, J., Taanila, A.M., Remes, J., Viholainen, H., Rintala, P. et al. (2011). Suspected motor problems and low preference for active play in childhood are associated with physical inactivity and low fitness in adolescence. *PloS one, 6* (1), e14554. https://doi.org/10.1371/journal.pone.0014554
13. Rule, A.C. & Stewart, R.A. (2002). Effects of practical life materials on kindergarteners' fine motor skills. *Early Childhood Education Journal, 30* (1), 9–13. https://doi.org/10.1023/A:1016533729704
14. Cliff, D.P., Okely, A.D., Smith, L.M. & McKeen, K. (2009). Relationships between fundamental movement skills and objectively measured physical activity in preschool children. *Pediatric Exercise Science, 21* (4), 436–449. https://doi.org/10.1123/pes.21.4.436
15. Hardy, L.L., King, L., Farrell, L., Macniven, R. & Howlett, S. (2010). Fundamental movement skills among Australian preschool children. *Journal of Science and Medicine in Sport, 13* (5), 503–508. https://doi.org/10.1016/j.jsams.2009.05.010
16. Rijt, H. van de & Plooij, F.X. (2003). *Öhrchen im Bauch. Die ersten Erfahrungen des Ungeborenen mit Musik und Sprache.* München: Goldmann.
17. McPherson, G.E. 2006). *The child as musician. A handbook of musical development.* Oxford, UK: Oxford University Press. https://doi.org/10.1093/acprof:oso/9780198530329.001.0001
18. Maier Karius, J. (2010). *Beziehungen zwischen musikalischer und kognitiver Entwicklung im Vor- und Grundschulalter* (Beiträge zur Musikpsychologie, Bd. 8.). Münster: Lit Verlag.
19. Anvari, S.H., Trainor, L.J., Woodside, J. & Levy, B.A. (2002). Relations among musical skills, phonological processing, and early abilities in school children. *Journal of Experiment Child Psychology, 83,* 111–130. https://doi.org/10.1016/S0022-0965(02)00124-8
20. Schwarzer, G. (2000). Musikalische Wahrnehmungsentwicklung: Wie Kinder Musik hören. *Musikpsychologie, 15,* 60–76.
21. Miyamoto, K. (2007). Musical characteristics of preschool-age students: A review of literature. *Update: Applications of Research in Music Education, 26* (1), 26–40. https://doi.org/10.1177/87551233070260010104

22. Hallam, S. (2010). The power of music: Its impact on the intellectual, social and personal development of children and young people. *International Journal of Music Education, 28* (3), 269–289. https://doi.org/10.1177/0255761410370658
23. Schoenebeck, M. von (1998). *Entwicklung und Sozialisation aus musikpädagogischer Perspektive.* Essen: Die Blaue Eule.
24. Siraj-Blatchford, I. (2007). Creativity, communication and collaboration: The identification of pedagogic progression in sustained shared thinking. *Asia-Pacific Journal of Research in Early Childhood Education, 1* (2), 3–23.
25. Braun, D. (2015). *Kreativität in Theorie und Praxis: Bildungsförderung in Kita und Kindergarten* (1. Aufl., Fachwissen Kita). Freiburg: Herder.
26. Brown, E. (2020). *The art of early childhood education.* Arlington: National Association of State Boards of Education.
27. Robson, S. & Rowe, V. (2012). Observing young children's creative thinking: engagement, involvement and persistence. *International Journal of Early Years Education, 20* (4), 349–364. https://doi.org/10.1080/09669760.2012.743098
28. Rubenstein, A. J., Kalakanis, L. & Langlois, J. H. (1999). Infant preferences for attractive faces: A cognitive explanation. *Developmental Psychology, 35* (3), 848–855. https://doi.org/10.1037/0012-1649.35.3.848
29. Trainor, L. J. & Heinmiller, B. M. (1998). The development of evaluative responses to music. *Infant Behavior and Development, 21* (1), 77–88. https://doi.org/10.1016/S0163-6383(98)90055-8
30. Zmyj, N. & Schölmerich, A. (2012). Förderung von Kleinkindern in der Tagesbetreuung. In U. Lindenberger & W. Schneider (Hrsg.), *Entwicklungspsychologie: Mit Add-on* (S. 581–592). Weinheim: Beltz Verlagsgruppe.
31. Smith, M. K. (1996). Fostering creativity in the early childhood classroom. *Early Childhood Education Journal, 24* (2), 77–82. https://doi.org/10.1007/BF02353284
32. Sakr, M., Trivedy, B., O'Brien, L., Hall, N. & Federici, R. (2018). *Creativity and making in early childhood: Challenging practitioner perspectives.* London: Bloomsbury Academic.
33. Robinson, K. (2010). *RSA ANIMATE: Changing Education Paradigms.* Available from https://www.youtube.com/watch?v=zDZFcDGpL4U
34. Dacey, John, S. (1989). Discriminating Characteristics of the Families of Highly Creative Adolescents. *The Journal of Creative Behavior, 23* (4), 263–271. https://doi.org/10.1002/j.2162-6057.1989.tb00700.x
35. Kemple, K. & Nissenberg, S. A. (2000). Nurturing creativity in early childhood education: Families are part of it. *Early Childhood Education Journal,* 28 (1), 67–71. https://doi.org/10.1023/A:1009555805909
36. Csikszentmihalyi, M. (1990). *Flow: The psychology of optimal experience.* New York, NY: Harper Perennial Modern Classics. Harper and Row.
37. Burnard, P., Craft, A., Cremin, T., Duffy, B., Hanson, R., Keene, J., Haynes, L. & Burns, D. (2006). Documenting „possibility thinking": A journey of collaborative enquiry. *International Journal of Early Years Education, 14* (3), 243–262. https://doi.org/10.1080/09669760600880001
38. Craft, A. (2013). Childhood, possibility thinking and wise, humanising educational futures. *International Journal of Educational Research, 61* (10), 126–134. https://doi.org/10.1016/j.ijer.2013.02.005
39. Kucirkova, N. & Sakr, M. (2015). Child-father creative text-making at home with crayons, iPad collage & PC. *Thinking Skills and Creativity, 17* (4), 59–73. https://doi.org/10.1016/j.tsc.2015.05.003
40. van Keulen, H. (2018). STEM in early childhood education. *European Journal of STEM Education, 3* (3). https://doi.org/10.20897/ejsteme/3866

41. Bateson, P. & Martin, P. (2013). *Play, playfulness, creativity and innovation.* Cambridge, UK: Cambridge University Press. https://doi.org/10.1017/CBO9781139057691
42. Murcia, K., Pepper, C., Joubert, M., Cross, E. & Wilson, S. (2020). A framework of identifying and developing children's creative thinking while coding with digital technologies. *Issues in Educational Research, 30* (4), 1395–1417.
43. Cairns, P., Power, C., Barlet, M., Haynes, G., Kaufman, C. & Beeston, J. (2021). Enabled players: The value of accessible digital games. *Games and Culture, 16* (2), 262–282. https://doi.org/10.1177/1555412019893877

Die Autorinnen und Autoren

Astrid Wirth ist Psychologin am Lehrstuhl für Empirische Pädagogik und Pädagogische Psychologie der Ludwig-Maximilians-Universität München, 2020 promovierte sie ebenda. Zuvor war sie unter anderem am Institut für Lese- und Medienforschung der Stiftung Lesen in Mainz und an universitären Forschungseinrichtungen in Mainz und Freiburg beschäftigt. Ihre Forschungsschwerpunkte liegen im Bereich der Home Literacy Environment und der frühen Kompetenzförderung von Kindern mit digitalen Medien.

Efsun Birtwistle ist Kognitionspsychologin und Postdoc am Lehrstuhl für Empirische Pädagogik und Pädagogische Psychologie der Ludwig-Maximilians-Universität München. Sie promovierte 2018 an der LMU München im internationalen Programm der Graduate School of Systemic Neurosciences. Ihre Forschungsschwerpunkte liegen im Bereich der familiären Lernumwelt und der Unterstützung von Lernprozessen in diesem Kontext und des kognitiven Trainings von Kindern und Erwachsenen durch digitale Spiele.

Anna Mues ist Erziehungswissenschaftlerin und promoviert derzeit am Lehrstuhl für Empirische Pädagogik und Pädagogische Psychologie der Ludwig-Maximilians-Universität München. Zuvor war sie als wissenschaftlich-studentische Mitarbeiterin an der Otto-Friedrich-Universität Bamberg und am dortigen Leibniz-Institut für Bildungsverläufe tätig. Ihre Forschungsschwerpunkte liegen im Bereich der Home Numeracy Environment und der frühen mathematischen Kompetenzentwicklung von Kindern.

Frank Niklas ist Professor für Pädagogische Psychologie und Familienforschung an der Ludwig-Maximilians-Universität München. Zudem gehört er seit seinem Forschungsaufenthalt in Australien (2013–2015) der University of Melbourne als „Honorary Senior Fellow" an. Er promovierte 2010 und habilitierte 2014 an der Julius-Maximilians-Universität Würzburg. Zu seinen Forschungsschwerpunkten gehören die kindliche Kompetenzentwicklung und deren analoge und digitale Förderung in der familiären Lernumwelt.

Anzeigen